手作りがうれしい
ベビーの小物とお洋服

決定版

CONTENTS

生まれてすぐから2歳ぐらいまでの
ベビーの小物とお洋服、お世話グッズなどを集めました。
生まれてくるベビーに、
そして日々成長していくベビーに
健やかに育ってくれますようにと願いを込めて
さっそく作ってみませんか。

 手縫いマーク ミシン縫いマーク

この本には手縫いで作る作品とミシンで作る作品、どちらでも作れる作品が掲載されています。それぞれの作品に上記のマークが表示してあります。
手縫いの作品をミシンで縫う場合は、作り方の説明で「並縫い」と書いてあるところをミシンの直線縫いで縫ってください。布端の始末は解説の通り折り伏せ縫いにしても、ジグザグミシンをかけても大丈夫です。
また、手縫いとミシンの両方がある作品はミシンでの作り方で説明してありますので、手縫いをする場合は「ミシン」と書いてあるところを「並縫い」にしてください。

とじ込み付録 実物大の型紙について

この本には付録として実物大の型紙が1枚ついています。掲載作品は一部の作品を除いて実物大の型紙とその応用で作ることができます。80ページの「実物大の型紙の使い方」をご覧の上、他の紙に写してお使いください。

作品を作り始める前に

参考サイズ表

ベビーには個人差がありますので、あくまで目安として
サイズ選びの参考にしてください。

サイズ	月（年）齢の目安	身長の目安	体重の目安（約）	頭まわりの目安（帽子のサイズ）
50	0〜3ヶ月	60cm前後まで	3kg	32〜42cm
60	3〜6ヶ月	55〜65cm	6kg	42〜44cm
70	6〜12ヶ月	65〜75cm	9kg	44〜46cm
80	12ヶ月〜1歳半頃	75〜85cm	11kg	46〜48cm
90	1歳半〜2歳頃	85〜95cm	13kg	48〜52cm

製図記号

本誌の作り方ページに登場する製図記号です。

——— できあがり線	←→ 布目	○ ボタン
——— 案内線	└ 直角の印	＋ スナップ
—·—·— 見返し線	⌒ 等分線	タック（肩上げ）のたたみ方を示す
— — — わに裁つ線	／ 芯地の印	

できあがり寸法

この本に掲載されている作品（洋服）のできあがり寸法は、下図の採寸に従って表示しています。

肌着・トップス
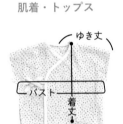
ゆき丈／バスト／着丈

ロンパース
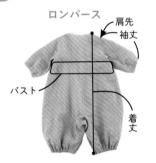
肩先・袖丈／バスト／着丈

パンツ・スカート

総丈

着丈…衿ぐりと肩線の合う点から裾までの長さ。

バスト…袖ぐり下の前と後ろを一周した長さ。

袖丈…肩先から袖口までの長さ。

ゆき丈…後ろ衿ぐり中心から袖口までの長さ。

総丈…パンツやスカートのウエストから裾までの長さ。

布について

ベビーのお洋服や小物を作るときは、布地選びが大切。ソーイングの素材として一般的な綿の
ブロードやシーチングなどの他に、下記の素材もおすすめです。

ダブルガーゼ

ガーゼを2枚合わせた通気性と吸水性の良い布。肌着やスタイ、お洋服など幅広いアイテムに使えます。

ギンガムチェック

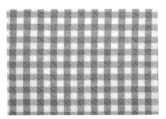

適度な張りがありながら、肌触りが良くさらっとしている綿素材。

リップル

表面の凹凸により通気性が良く、肌に触れる面積が少なくなるので、ベトつかず夏物の服に最適。

タオル地（パイル）

〈アンカットパイル〉　　〈カットパイル、テリークロス〉

肌触りの良さと吸水性に富みベビー・幼児期の服や小物に多く使われています。市販のタオルを代用してもOK。

ボーダーニット

ほどよい厚みがあり、しっかりとしているのでニット地のなかでは縫いやすく扱いやすい素材です。

スムース

スベスベとした肌触りの良い伸縮素材。表・裏とも同じ編み地なので無地ならどちらを使っても大丈夫です。

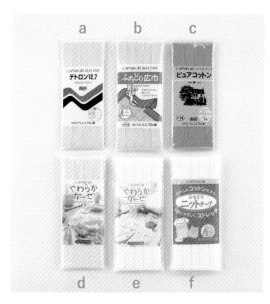

両折りタイプ

縁どりタイプ

a **バイアステープ**（両折りタイプ）
b **バイアステープ**（縁どりタイプ）
c **バイアステープ**（ピュアコットン／両折りタイプ）
d **バイアステープ**（やわらかガーゼ／両折りタイプ）
e **バイアステープ**（やわらかガーゼ／縁どりタイプ）
f **ふちどりニットテープ**

バイアステープには両折りタイプと縁どりタイプがあり、本誌では材料表にどちらを使うか表記してあります。素材もいろいろとありますので、合わせる布によって使い分けるといいでしょう。ふちどりニットテープは主にニット地の縁どりに使います。

g **ゴムテープ**（0.7cm幅）
h **パジャマテープ**（1.5cm幅）

ベビー服にはソフトゴムテープや、パジャマゴムなどの柔らかいタイプを使用しましょう。

i **面ファスナー ソフトタイプ**

薄くて柔らかい面ファスナー。髪の毛などにもからみにくいので、スタイなどにオススメです。

j **綾テープ**

ほどよい厚みのある綾テープは、縫い代をスッキリ仕上げたいときに向いています。

k **プラ鈴** l **鳴き笛**

プラ鈴：ぬいぐるみなどの中に入れるとやさしい音の鳴るプラスチック製の鈴です。
鳴き笛：押すとプープーと音のでるポリエチレン製の笛です。角形、だ円、筒状と様々。

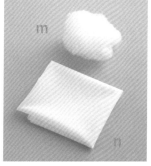

m **手芸わた**

ニギニギや、授乳枕につめる化繊のわたです。衛生的な抗菌防臭加工のものがよいでしょう。

n **接着芯**

布に張りを持たせたいときに用いる、片面に接着剤がついた薄い布。

o **プラスナップ**
p **ワンタッチプラスナップスリム**

プラスチック製のスナップなので、軽くて肌にやさしくお洗濯をしても錆びません。o は専用のプレス機でかんたんに取りつけられます。p はプレス機がなくてもつけられるタイプです。どちらも既製品のような本格的な仕上がりが魅力。

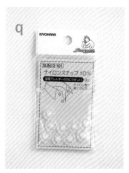

q **ナイロンスナップ**

ナイロン素材の肌に優しいスナップ。手縫いでつけるので素材を選ばず、軽い仕上がりになります。

ミシンやアイロン以外に必要なもの、あると便利なものをご紹介します。提供：eをのぞくすべてクロバー

a ハトロン紙
型紙を作ったり、実物大の型紙を写しとるのに便利な薄紙。

b ファブリック ウエイト
型紙を写しとるときに、ハトロン紙がずれないようにするおもり。

c メジャー
体のサイズや、型紙のカーブの寸法を測るときに使用。

d 方眼定規
直線を引いたり、縫い代をつけるのに便利な定規。

e カーブ尺
袖ぐりなどカーブを引くときに便利な定規。

f 布切はさみ
布を切るときに使うはさみ。紙を切ると切れ味が悪くなるので注意。

g 糸切はさみ
糸を切るときや、切り込みを入れるときに使用。

h チャコピー
布地に印をつけるときに使う、複写紙。両面と片面の2種類あります。水で消せるタイプがオススメ。

i 水性チャコペン
布地に印をつけるときに使う、ソーイング専用の水性マーカー。水で消すことができます。

j 手縫い針
手縫い用の針。写真は6種類の太さの針がセットになっています。

k ピンクッション
縫い針やまち針を刺しておく道具。

l まち針
型紙と布地、布地と布地をとめるときに使用。

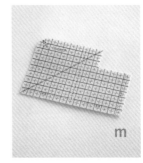

m アイロン定規
布地を折ってアイロンで押さえるときに便利な道具。

n ゴム通し
ゴムテープを通すときに使用。

o ゴム通し（クリップ式）
1.5cm以上の幅広のゴムテープを通すときに使用。

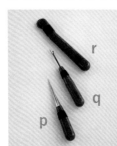

p 目打
糸をほどくときや穴をあけるときに使用。

q リッパー
縫い目をほどくときに使用。

r ソフトルレット
紙チャコを使って布地に印をつけるときに使用。

手縫いとミシン縫いでは使用する糸や針が違います。 提供：a・b・g・h＝フジックス／c〜f・i・j＝クロバー

手縫い糸と手縫い針 ...etc

a 50番の手縫い糸
普通地から少し厚い布地を縫うときに使用する一般的な手縫い専用の糸です。丈夫でしなやかにやわらかく縫いあがります。

b 60番の手縫い糸
普通地から薄い布地を縫うときに使用する手縫い糸。細くて強く目立ちにくいので、アップリケなども美しく縫い上がります。

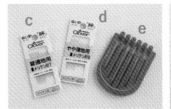

c〜e 手縫い針
本誌の手縫いの作品は、8号針を使用しています。やや厚い布地や縫い代が重なった所を縫う場合は、7号針が適します。c 8号針 d 7号針 e セットタイプ。

f 指ぬき
手縫いをするときに指にはめて使います。

ミシン糸とミシン針について

g・h ミシン糸
布の種類や厚みによって使いわけます。本誌作品は、伸縮するニット地以外はすべてシャッペスパンの g 60番のミシン糸、ニット地は h レジロンミシン糸を使用しています。

i・j ミシン針
ミシン糸と同様、ミシン針も布の種類や厚みによって使いわけます。i 11号の普通の布地用の針があれば大丈夫です。ニット地の場合は、j ニット用ミシン針の11号を使用します。

接着芯の貼り方

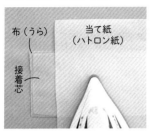

布のうらに接着芯のザラザラしている面を下にして重ねます。当て紙（ハトロン紙）を重ね、130〜150度のドライアイロンで押さえて貼ります。アイロンは滑らさずに、移動させて隙間ができないように全体を貼ります。

バイアステープをつける準備

バイアステープをつけるパーツの型紙を用意します。バイアステープをカーブに沿わせ、アイロンの先を使って押さえて形を合わせます。カーブをつけておくことにより、仕上がりがグッときれいになります。

まち針の打ち方

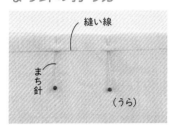

縫い合わせる布がずれないように、まち針でとめます。2枚一緒に印（縫い線）の上を垂直に小さくすくってとめます。

本誌の作品は、手縫いまたはミシン縫いのいずれかで作り方を紹介しています。

ミシン縫いの基礎

ミシン縫いマークで作り方を表記

返し縫い・直線縫い

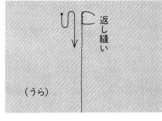

縫い始めと縫い終わりは返し縫いをします。印（縫い線）の上を行ったり来たりして、縫い目を重ねます。そのまま続けて直線で縫い進み、縫い終わりも返し縫いをして糸を切ります。

ジグザグミシン

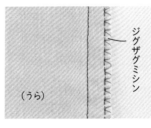

縫い代の端にかけて、布端のほつれを防ぎます。ジグザグの片側が布端にかかるようにして縫います。

折り伏せ縫い　縫い代の端を折って布端をかくす、縫い代始末の仕方です。

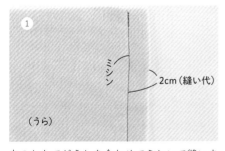

布のおもてどうしを合わせてミシンで縫います。

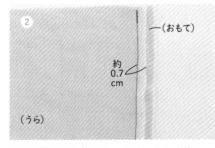

片側の縫い代を約0.7cmにカットします。

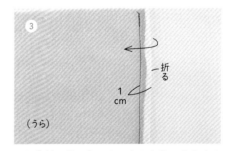

もう片側の縫い代でカットした縫い代をくるむように折ります。

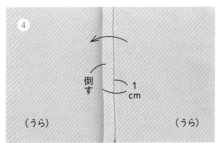

布を開き、縫い代を片側に倒します。

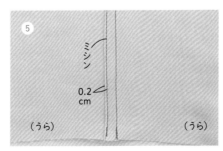

縫い代をミシンで縫い止めます。

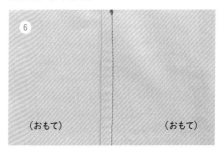

おもてから見たできあがり。

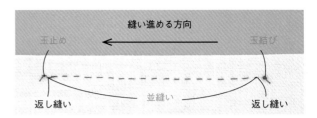

手縫いの基礎

糸の処理、縫い方、まつり方、縫い代の始末など手縫いの基礎をマスターしましょう。糸は必ず、手縫い用を使用し、糸の長さは50cm前後で切り、玉結び→並縫い→玉止めの順に縫い進めます。まつる時も玉結びと玉止めをします。

縫い進める方向

玉止め　　　　　　　　　　　　　　玉結び

返し縫い　　　　　　並縫い　　　　　返し縫い

🪡 手縫いマークで作り方を表記

1 玉結び

手縫いを始める前に、糸が抜けないように糸端を結んでおくのが玉結びです。

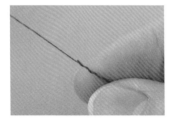
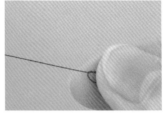
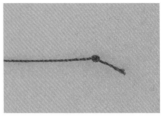

①糸端をピンと張って持ち、ひとさし指に糸を1回巻きます。

②糸の交差を押さえ、ひとさし指をずらして糸をよじります。

③よじった糸をひとさし指と親指で押さえて、さらに糸を強くよじりながら引っぱります。

④玉結びのできあがり。

2 並縫い

手縫いの基本となる縫い方です。縫い目を揃えて縫うのがポイントです。

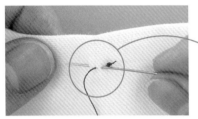
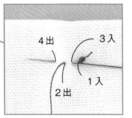

4出　　3入

2出　　1入

①返し縫いをして縫い始めます。

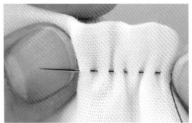

②左手で布を持ち、布を上下に動かして細かく縫います。

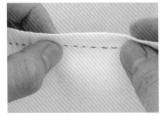
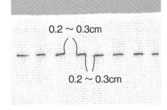

0.2〜0.3cm

0.2〜0.3cm

③縫い進んだら針を止め、指先で縫い目をつまみ、数回しごきます。（しごくとは縫った部分を進行方向に移動させて、縫い目のゆがみをととのえることです。）

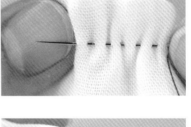
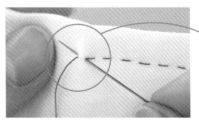

3出

1出　2入

④最後にもう1度返し縫いをします。

3 玉止め

縫い終わった後も糸が抜けないように、縫い終わりの糸端を結んでおくのが玉止めです。

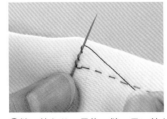
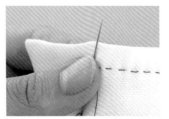
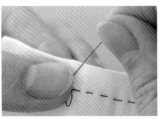

①縫い終わりの最後の縫い目に針を置き、糸を2〜3回巻きます。

②糸を巻いた部分を親指で押さえます。

③針を引きます。

④余分な糸を切ってできあがり。

まつり縫い

普通まつり

一般的なまつり方です。縫い目が斜めに流れます。

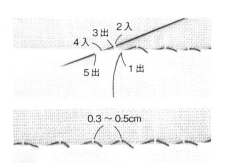

縦まつり

縫い目が布に対して直角になるまつり方です。

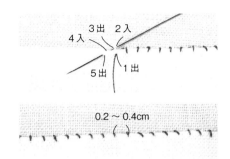

コの字とじ

縫い目が突き合わせになる時のまつり方です。コの字を書くように、折り山の中に糸を通して縫っていきます。

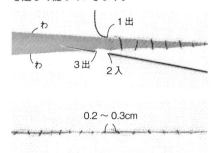

縫い代の始末の仕方

折り伏せ縫い　布端を縫い目の中にかくす縫い方です。

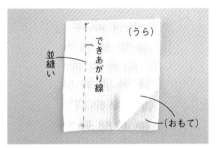

①布をおもてどうしに合わせて、できあがり線を並縫いします。

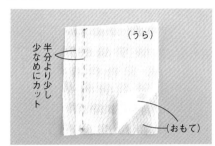

②縫い代を倒す側の1枚を半分より少し少なめにカットします。

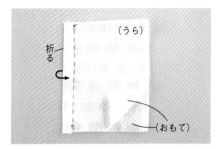

③カットしていない側の縫い代でくるむように折ります。

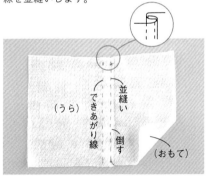

④布を開いて、縫い代を片側に倒し、並縫いで押さえます。

袋縫い　布端を内側に隠す縫い方です。

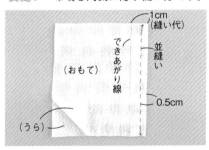

①布のうらどうしを合わせ、並縫いをします。

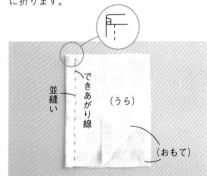

②縫い目を内側に入れ、できあがり線を並縫いします。

割り伏せ縫い　開いた縫い代の端を折ってかくす縫い方です。

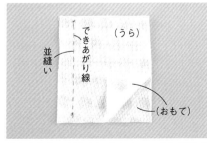

①布をおもてどうしに合わせ、できあがり線を並縫いします。

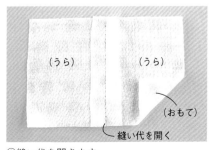

②縫い代を開きます。

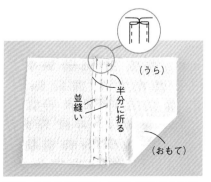

③縫い代を半分に折り、並縫いで押さえます。

出産前に
用意したいもの

1

2

サイズ
50〜60

1 長肌着
2 短肌着

赤ちゃんの肌にとても優しい、
柔らかな風合いのダブルガーゼ
で作る肌着。出産後すぐに使う
物なので早目に準備しましょう。

作り方 ➡ 14 ページ

3 布おむつ

さらしを使った布おむつです。カラフ
ルな糸で周囲をチクチク手縫いして。

作り方 ➡ 16 ページ

4

サイズ
50〜60

4 ベビードレス

退院時やお披露目会などにぴったりなベ
ビードレス。軽やかな着心地のダブルガー
ゼで作っています。

作り方 ➡ 86 ページ

セレモニードレス セット

5 ベビードレス

織り柄のある綿のからみ織りに幅広の
チュールレースを合わせた素敵なドレス。
衿元は、サテン地のバイアステープで始末。

作り方 ➡ 82ページ

5

サイズ
50〜70

12

サイズ
50〜70

6

7

ベビードレスの上に
重ねて優雅な
セレモニー
スタイルに

6 ボンネット ✎
7 ケープ ✎

退院のときや、お宮参り、ハーフバースデーなどにぴったりのボンネットとケープです。レースやリボン、レース地を使って、ゴージャスに仕上げました。

№.6 作り方 → 85 ページ

№.7 作り方 → 81 ページ

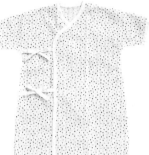

10ページ 1

材料

表布(ダブルガーゼ)135cm幅70cm
バイアステープ(縁どりタイプ)1.1cm幅170cm
綾テープ1.2cm幅180cm
❋できあがり寸法
着丈51cm
ゆき丈26.3cm
バスト58cm

型紙について

★実物大の型紙:A面1を使用します。

＊使用するパーツ：前／後ろ

※型紙と製図に縫い代はついていません。
　裁ち方図の縫い代寸法をつけて布を裁ちます。

表布の裁ち方図

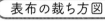

のパーツは実物大の型紙を使用します。

型紙・製図

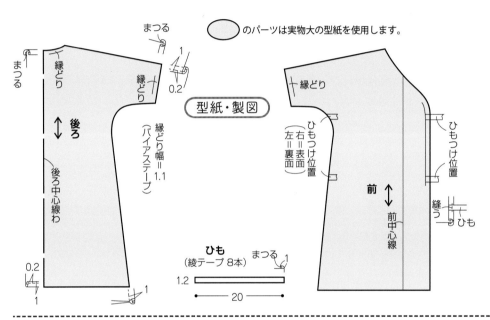

ひも
(綾テープ 8本)

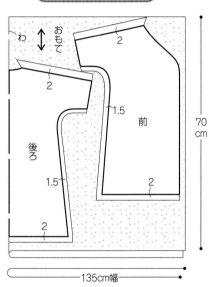

10ページ 2

材料

表布(ダブルガーゼ)135cm幅40cm
バイアステープ(縁どりタイプ)1.1cm幅140cm
綾テープ1.2cm幅95cm
❋できあがり寸法
着丈31cm
ゆき丈20.3cm
バスト58cm

型紙について

★実物大の型紙:A面2を使用します。

＊使用するパーツ：前／後ろ

※型紙と製図に縫い代はついていません。
　裁ち方図の縫い代寸法をつけて布を裁ちます。

表布の裁ち方図

のパーツは実物大の型紙を使用します。

型紙・製図

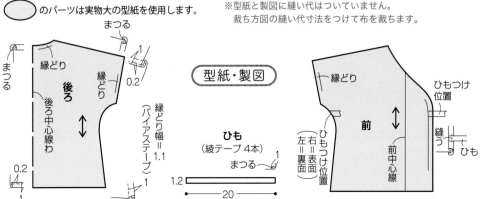

ひも
(綾テープ 4本)

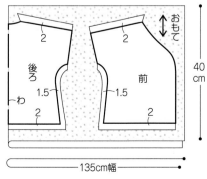

作り方 ※肌着なので、縫い代はすべて、おもて側になるように作ります。

縫い始めと縫い終わりは返し縫いをします

① 肩線を縫う

前(うら)
③折る
①並縫い
②0.7cmにカット
後ろ(おもて)

前(おもて)
前(おもて)
折り伏せ縫い
後ろ(おもて)

② ひもを作る

ひも(うら)
①三つ折り
②縦まつり

③ 衿ぐりに縁どりをする

縁どり
(おもて)
アイロンでカーブに合わせる

②並縫い　後ろ(うら)
前(おもて)
ひも(うら)
①ひもをはさむ
1cm
縁どり(うら)

後ろ(おもて)　①縁どりでくるむ
普通まつり
前(うら)
②ひもを起こして
並縫い
縁どり(おもて)

④ 袖口に縁どりをする

前(おもて)
並縫い
1cm
後ろ(おもて)
縁どり(うら)

①縁どりでくるむ
②普通まつり
前(うら)
縁どり(おもて)
後ろ(うら)

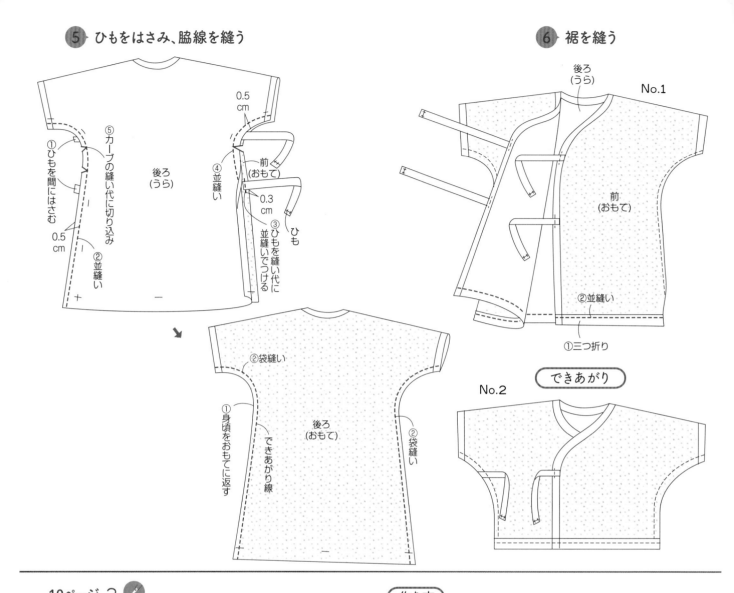

5 ひもをはさみ、脇線を縫う

- ①ひもを間にはさむ
- 0.5cm
- 0.5cm
- ②並縫い
- ⑤カーブの縫い代に切り込み
- 後ろ（うら）
- ④並縫い
- 前（おもて）
- 0.3cm
- ③ひもを縫い代に並縫いでつける
- ひも

- ①身頃をおもてに返す
- ②袋縫い
- できあがり線
- 後ろ（おもて）
- ②袋縫い

6 裾を縫う

- 後ろ（うら）
- No.1
- 前（おもて）
- ②並縫い
- ①三つ折り

できあがり

No.2

10ページ **3**

作り方

縫い始めと縫い終わりは返し縫いをします

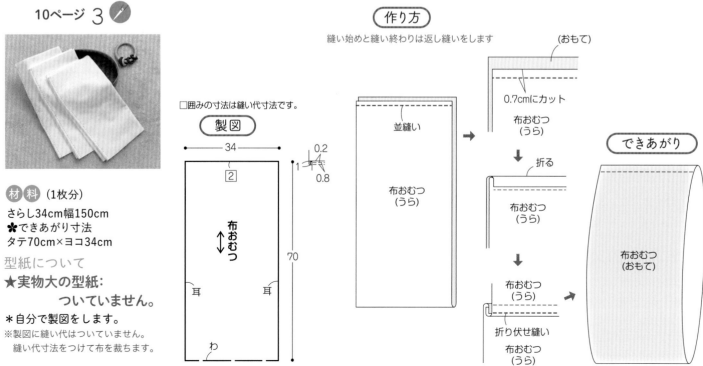

□囲みの寸法は縫い代寸法です。

製図

- 34
- ②
- 布おむつ
- 70
- 耳　耳
- わ
- 0.2
- 1
- 0.8

- 並縫い
- 布おむつ（うら）
- （おもて）
- 0.7cmにカット
- 布おむつ（うら）
- 折る
- 布おむつ（うら）
- 布おむつ（うら）
- 折り伏せ縫い
- 布おむつ（うら）

できあがり

- 布おむつ（おもて）

材料（1枚分）
さらし34cm幅150cm
❀できあがり寸法
タテ70cm×ヨコ34cm

型紙について
★実物大の型紙：
　　　　ついていません。
＊自分で製図をします。
※製図に縫い代はついていません。
　縫い代寸法をつけて布を裁ちます。

17

18

材料（1点分）
表布(綿ジャージー)45cmW幅40cm
❀できあがり寸法
頭まわり42～44cm

型紙について
★**実物大の型紙:107ページに掲載。**
＊使用するパーツ：クラウン／耳
※型紙と製図に縫い代はついていません。
　裁ち方図の縫い代寸法をつけて布を裁ちます。

型紙

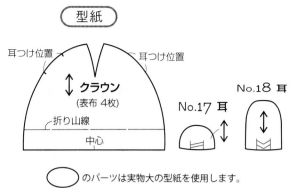

耳つけ位置　　耳つけ位置

クラウン
(表布 4枚)

折り山線

中心

No.18 耳

No.17 耳

◯ のパーツは実物大の型紙を使用します。

No.17表布の裁ち方図

＊No.18はウサギの耳を裁ちます。

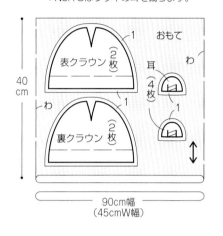

表クラウン（2枚）
裏クラウン（2枚）
耳（4枚）
おもて
わ
わ
40cm
90cm幅
(45cmW幅)

作り方

縫い始めと縫い終わりは返し縫いをします
※手縫いの場合は「ミシン」を「並縫い」にします

① 耳を作る

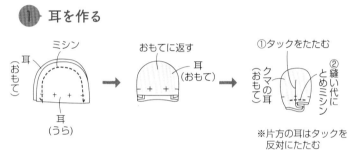

ミシン
耳（おもて）
耳（うら）
おもてに返す
耳（おもて）
①タックをたたむ
②縫い代にとめミシン
クマの耳（おもて）

※片方の耳はタックを反対にたたむ

※ウサギの耳も同様に作る
ウサギの耳（おもて）
①タックをたたむ
②縫い代にとめミシン

② 表クラウンを作る

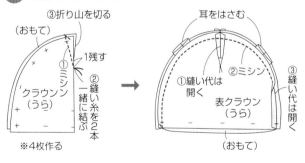

③折り山を切る
（おもて）
①ミシン
1残す
②一緒に糸を2本一緒に結ぶ
クラウン（うら）
※4枚作る

耳をはさむ
②ミシン
①縫い代は開く
表クラウン（うら）
③縫い代は開く
（おもて）

③ 裏クラウンを作る

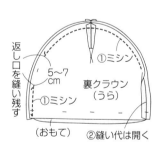

①ミシン
5～7cm
返し口を縫い残す
①ミシン
裏クラウン（うら）
（おもて）
②縫い代は開く

④ 表クラウンと裏クラウンを縫い合わせる

①表クラウンをおもてに返して内側に入れる

ミシン
表クラウン（うら）
裏クラウン（うら）
返し口

⑤ おもてに返す

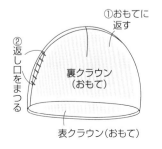

①おもてに返す
②返し口をまつる
裏クラウン（おもて）
表クラウン（おもて）

できあがり

No.17

①ひっくり返す
②折り上げる

No.18

シンプルな
2way ロンパース

サイズ
50〜70

8

8 2way ロンパース

スナップのとめ方でベビードレスにもロンパースにもなる2way
タイプ。新生児の頃はオムツ替えがしやすいドレス、足の動き
が活発になってきたらロンパースとして着せましょう。肌触り
の良いダブルガーゼなので、オールシーズン活躍してくれます。

作り方 ➡ 19 ページ 　（写真解説つき）

18ページ 8

材料		
表布(ダブルガーゼ)	110cm 幅	100cm
プラスナップ	直径 0.9cm	13 組
綾テープ	2cm 幅	150cm
バイアステープ(縁どり)	1.1cm 幅	40cm
ゴムテープ	0.7cm 幅	100cm
できあがり寸法		
着丈		55cm
バスト		58cm
袖丈		21cm

型紙について

★実物大の型紙:B面8を使用します。

*使用するパーツ:ヨーク／前／後ろ／袖／股布

※型紙・製図に縫い代はついていません。
　裁ち方図の縫い代寸法をつけて布を裁ちます。

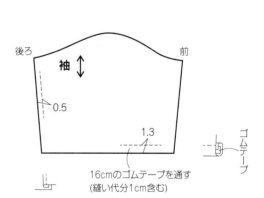

のパーツは実物大の型紙を使用します。

型紙

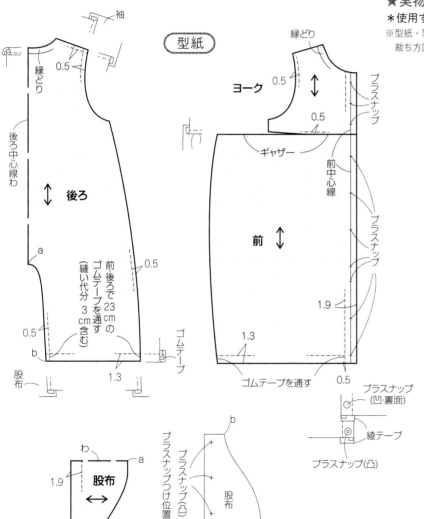

16cmのゴムテープを通す
(縫い代分1cm含む)

※股布と袖を間違わない様に注意しましょう。

表布の裁ち方図

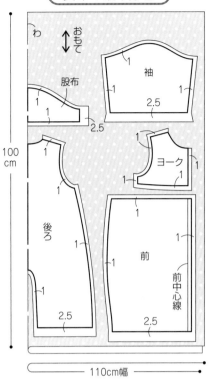

わ

おもて

100 cm

股布

袖

1
1
1
2.5

1
1
1

ヨーク

後ろ
1
1
2.5

前
1
1
前中心線
2.5

110cm幅

作り方順序

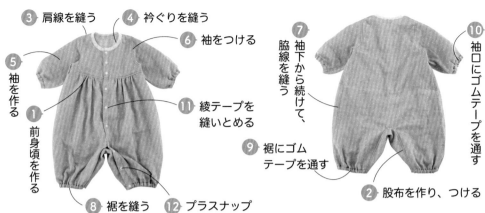

③ 肩線を縫う
④ 衿ぐりを縫う
⑥ 袖をつける
⑤ 袖を作る
① 前身頃を作る
⑪ 綾テープを縫いとめる
⑧ 裾を縫う
⑫ プラスナップをつける

⑦ 袖下から続けて、脇線を縫う
⑨ 裾にゴムテープを通す
⑩ 袖口にゴムテープを通す
② 股布を作り、つける

材料

ミシン糸
表布
バイアステープ（縁どり）
綾テープ
プラスナップ
ゴムテープ

★ミシン目が見えやすいように目立つ色の糸を使っています。
★縫い始めと縫い終わりは返し縫いをします。

① 前身頃を作る

約10cm糸を残す
ギャザー止まり
大きい針目のミシン
ギャザー止まり
糸を残す
前（うら）

0.5cm
0.2cm

①前のギャザーを寄せる位置に、大きい針目のミシンをかける。糸端は返し縫いをせずに、約10cm残す。

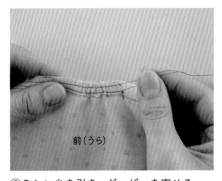

②ミシン糸を引き、ギャザーを寄せる。

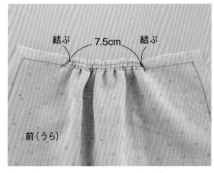

結ぶ　7.5cm　結ぶ
前（うら）

③7.5cmまでギャザーを寄せ、糸を結ぶ（おもて側の糸も結ぶ）。ギャザーを均等に整える。

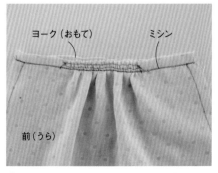

ヨーク（おもて）　ミシン
前（うら）

④ヨークと前をおもてどうしに重ね、ミシンで縫う。

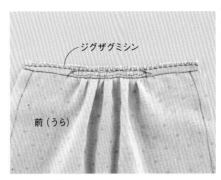

⑤2枚一緒にジグザグミシンをかける。

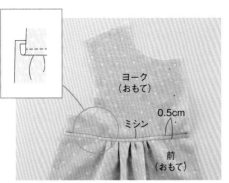

⑥アイロンで縫い代をヨーク側に倒してミシンで縫い、縫い代をとめる。

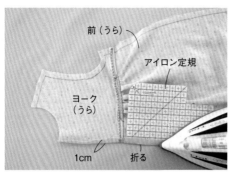

⑦アイロンで前端の縫い代を折る。

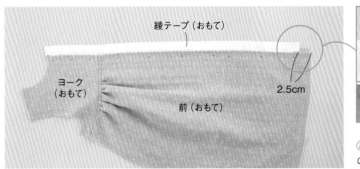

⑧折り目を広げ、折り目と綾テープの端を合わせて重ね、ミシンで縫う。

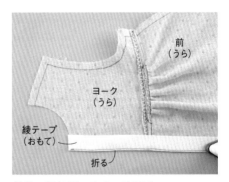

⑨⑦の折り目でもう一度折る。

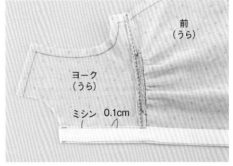

⑩綾テープのヨークの部分のみ、ミシンで縫ってとめる。

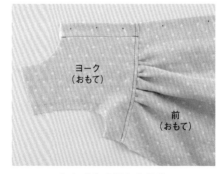

おもてから見たところ

② 股布を作り、つける

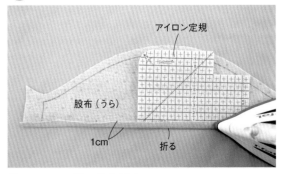

①アイロンで縫い代を折る。

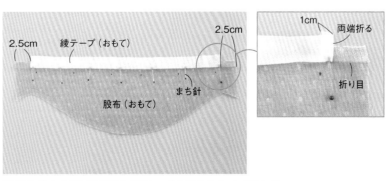

②折り目を広げ、折り目と綾テープの端を合わせて重ねる。

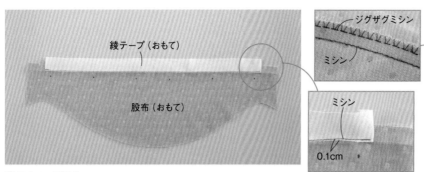
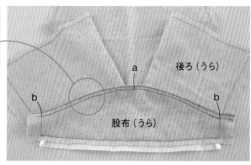

③ミシンで縫う。

④後ろと股布のおもてどうしを合わせて重ね、ミシンで縫う。2枚一緒にジグザグミシンをかける。

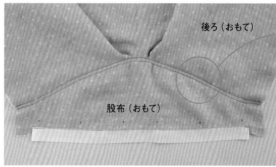
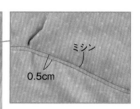

⑤アイロンで縫い代を後ろ側に倒す。

⑥ミシンで縫い、縫い代をとめる。

③ 肩線を縫う

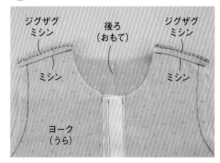
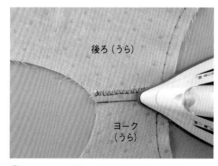
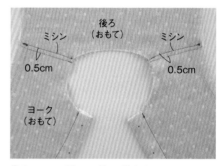

①ヨークと後ろをおもてどうしに重ねてミシンで縫い、2枚一緒にジグザグミシンをかける。

②アイロンで縫い代を後ろ側に倒す。

③ミシンで縫い、縫い代をとめる。

④ 衿ぐりを縫う

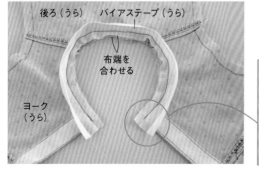
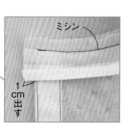
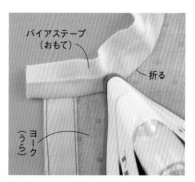

①布端を揃えて、ヨークのうらとバイアステープのおもてを合わせて重ねる。バイアステープの折り目の位置をミシンで縫う。

②縫い目の位置をアイロンで折る。

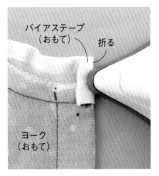

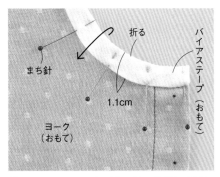

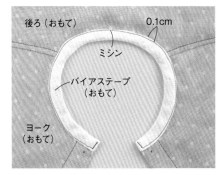

③アイロンでバイアステープの端を折る。

④バイアステープの折り目の位置で折り、まち針でとめる。

⑤ミシンで縫い、バイアステープをとめる。

⑤ 袖を作る

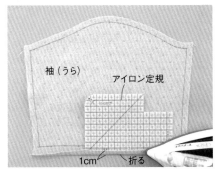

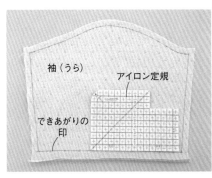

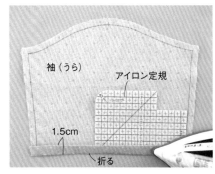

①袖口を1cm折る。

②できあがりの位置に、アイロン定規を当てる。

③できあがりの位置をアイロンで折る。

⑥ 袖をつける

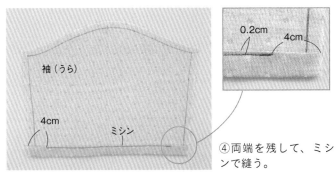

④両端を残して、ミシンで縫う。

①袖と身頃をおもてどうしに合わせてミシンで縫い、2枚一緒にジグザグミシンをかける。

②アイロンで縫い代を身頃側に倒す。

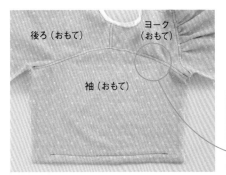

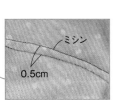

③ミシンで縫い、縫い代をとめる。

23

7 袖下から続けて、脇線を縫う

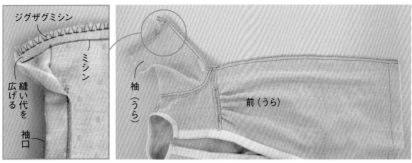

ジグザグミシン
ミシン
縫い代を広げる
袖口
袖（うら）
前（うら）

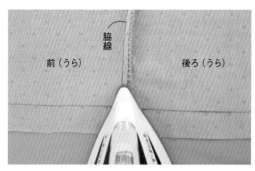

脇線
前（うら）
後ろ（うら）

①袖と身頃をおもてどうしに合わせ、袖下から続けて脇線をミシンで縫い、2枚一緒にジグザグミシンをかける。

②アイロンで縫い代を後ろ側に倒す。

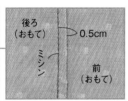

後ろ（おもて）
0.5cm
ミシン
前（おもて）

③ミシンで縫い、縫い代をとめる。（袖の部分は細いのでスピードを落とし、ゆっくり慎重に縫う。）

8 裾を縫う

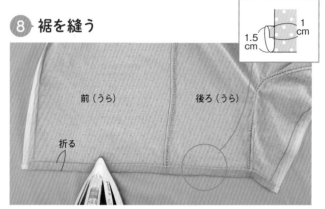

前（うら）
後ろ（うら）
折る

1cm
1.5cm

①袖口の折り方を参照して、アイロンで折る。

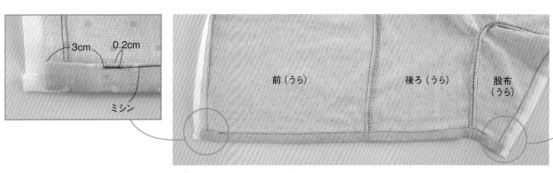

3cm
0.2cm
ミシン
前（うら）
後ろ（うら）
股布（うら）
0.2cm
3cm
ミシン

②両端を残して、ミシンで縫う。

9 裾にゴムテープを通す

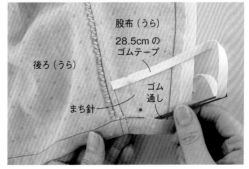

後ろ（うら）
股布（うら）
28.5cmのゴムテープ
ゴム通し
まち針

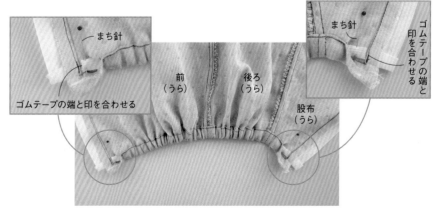

まち針
ゴムテープの端と印を合わせる
前（うら）
後ろ（うら）
まち針
ゴムテープの端と印を合わせる
股布（うら）

①ゴム通しに28.5cmのゴムテープを通す。（ゴムテープの端はまち針をストッパーにしてとめておく）縫い残した部分からゴムテープを通す。

②ゴムテープの端とできあがりの印を合わせ、ゴムテープを身頃にまち針でとめる。

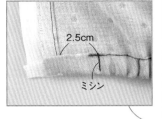

2.5cm

ミシン

前（うら）　後ろ（うら）　股布（うら）

ミシン目に重ねてミシン

③両端をミシンで縫い、ゴムテープをとめる。

⑩ 袖口にゴムテープを通す

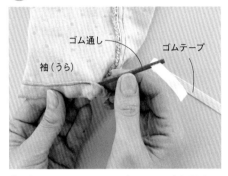

ゴム通し　ゴムテープ

袖（うら）

①ゴム通しに16cmのゴムテープを通す。（ゴムテープの端はまち針をストッパーとしてとめておく）縫い残した部分からゴムテープを通す。

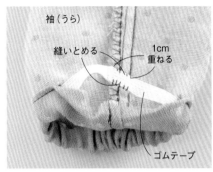

袖（うら）

縫いとめる　1cm重ねる

ゴムテープ

②ゴムテープを1cm重ねて縫いとめる。

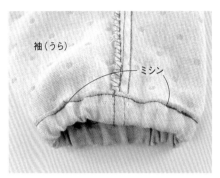

袖（うら）

ミシン

③ゴムテープを中に入れ、縫い残した部分をミシンで縫う。

⑪ 綾テープを縫いとめる

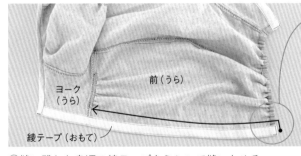

ヨーク（うら）　前（うら）

綾テープ（おもて）

①縫い残した身頃の綾テープをミシンで縫いとめる。

ミシン　0.1cm

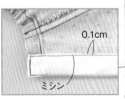

0.1cm

ミシン

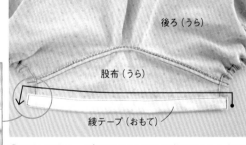

後ろ（うら）

股布（うら）

綾テープ（おもて）

②股布の綾テープをできあがりの位置でうら側に折り、ミシンで縫いとめる。

⑫ プラスナップをつける

用意するもの

プラスナップ（凹）

ヘッド　バネ

プラスナップ（凸）

ヘッド　ゲンコ

＊ヘッドとバネ、ヘッドとゲンコで1組になります。

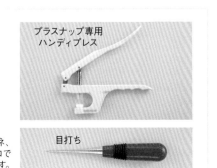

プラスナップ専用ハンディプレス

目打ち

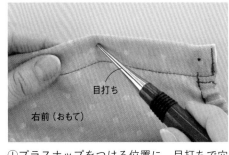

目打ち

右前（おもて）

①プラスナップをつける位置に、目打ちで穴をあける。

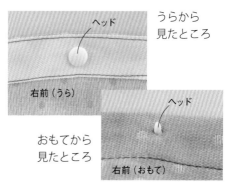

うらから
見たところ

ヘッド

右前（うら）

ヘッド

おもてから
見たところ

右前（おもて）

②右前はうらからヘッドを差し込む（左前はおもてからヘッドを差し込む）。

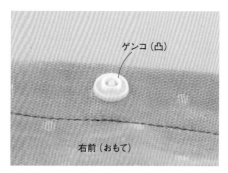

ゲンコ（凸）

右前（おもて）

③右前はヘッドにゲンコを重ねる（左前はヘッドにバネを重ねる）。

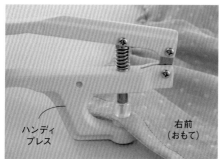

ハンディプレス

右前（おもて）

④ハンディプレスではさみ、ヘッドのとがっている部分をつぶしてとめつける。

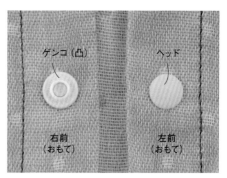

ゲンコ（凸）

ヘッド

右前（おもて）

左前（おもて）

おもてから見たところ

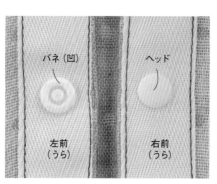

バネ（凹）

ヘッド

左前（うら）

右前（うら）

うらから見たところ

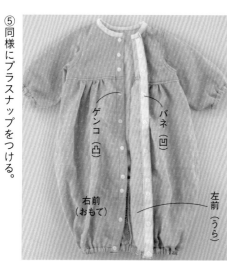

⑤同様にプラスナップをつける。

ゲンコ（凸）

バネ（凹）

右前（おもて）

左前（うら）

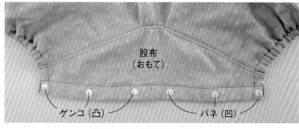

股布（おもて）

ゲンコ（凸）

バネ（凹）

おもてから見たところ

股布（うら）

ヘッド

うらから見たところ

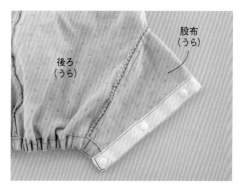

後ろ（うら）

股布（うら）

ワンピースとして着きるときは、股布どうしのプラスナップをとめておきます。

できあがり

前

後ろ

26

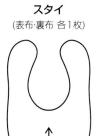

19

20

材料 (1点分)
表布(ダブルガーゼ)25cm幅35cm
裏布(タオル地)25cm幅35cm
面ファスナーソフトタイプ2.5cm幅2cm
19山道テープ1.1cm幅65cm
20ボンテンテープ1.1cm幅65m
25番刺しゅう糸
(19水色、青、グレー、黄、黄緑、オレンジ)
(20ピンク、赤、白、黄、黄緑)
✿**できあがり寸法**
縦(前中心)12cm×横18cm

型紙について
★**実物大の型紙:B面19を使用します。**
＊型紙に縫い代はついていません。
　裁ち方図の縫い代寸法をつけて布を裁ちます。

型紙
スタイ
(表布・裏布 各1枚)

表布・裏布の裁ち方図

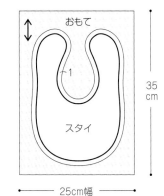

おもて
スタイ
25cm幅
35cm

⬭のパーツは実物大の型紙を使用します。

作り方
縫い始めと縫い終わりは返し縫いをします
※手縫いの場合は「ミシン」を「並縫い」にします

① **表スタイに刺しゅうをして
テープをつける**

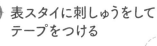

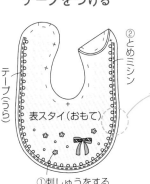

②とめミシン
テープ(うら)
表スタイ(おもて)
①刺しゅうをする

No.19　　　No.20
(おもて)　　(おもて)
縫い代　　　縫い代
ミシン　　　ミシン
縫い代側にとめ　縫い代側にとめ
テープの中心と印を合わせる
テープ部分の端と印を合わせる
山道テープ(うら)
ボンテンテープ(うら)

29ページ19・20の実物大の図案
※刺しゅう糸はすべて25番刺しゅう糸2本どりを使用。
※すべてロング＆ショートステッチで刺します。
＊ステッチの刺し方は91ページ。

② **スタイを縫い合わせる**

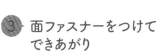

縫い代に切り込み
返し口
表スタイ(おもて)
裏スタイ(うら)
ミシン

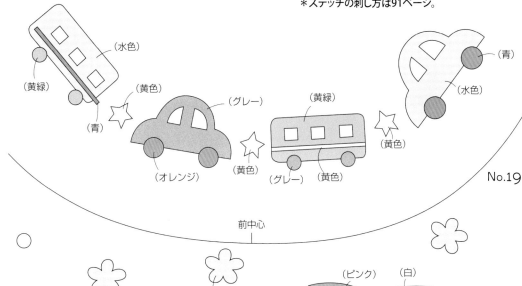

(水色)
(黄緑)
(青)
(黄色)
(グレー)
(青)
(水色)
(黄緑)
(オレンジ)
(黄色)
(グレー)
(黄色)
No.19

③ **面ファスナーをつけて
できあがり**

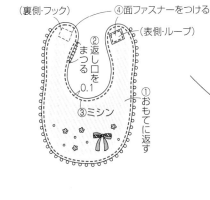

(裏側・フック)
④面ファスナーをつける
(表側・ループ)
②返し口をまつる
0.1
③ミシン
①おもてに返す

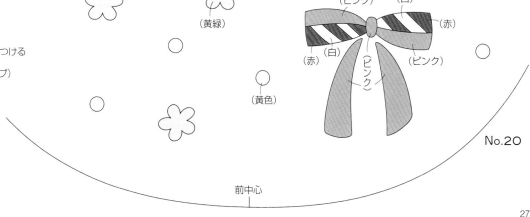

前中心
(黄緑)
(ピンク)
(白)
(赤)
(赤)
(白)
(ピンク)
(ピンク)
(黄色)
前中心
No.20

手作りのおもちゃ

9・10・11　ニギニギ

ウサギ、ネコ、クマの可愛いニギニギ。
お腹の部分に鳴き笛を入れているので、
握って押す度にプープーと音が鳴ります。

作り方 ➡ 30 ページ

12・13・14　ガラガラ

クマ、ネコ、おいしそうなドーナツの握りや
すいリングタイプのガラガラ。中に入れたプ
ラ鈴が動かす度にやさしい音で鳴ります。

作り方 ➡ 88 ページ

15・16　ガラガラ

小さな手に収まるスティックタイプの
ガラガラ。ウサギとクマの頭部にプラ
鈴が入っていて、振ると音が鳴ります。

作り方 ➡ 89 ページ

17

18

19

サイズ
50〜60

20

17・18 キャップ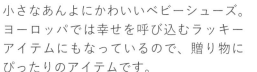
19・20 スタイ

まだ髪が生え揃っていないベビーの必需品のキャップは肌に
やさしい綿ジャージーで作りました。刺しゅうがポイントの
スタイとセットにすれば、おしゃれな贈り物になります。

No.17・18 作り方 → 17 ページ

No.19・20 作り方 → 27 ページ

足のサイズ
10cm前後

21

22

プレゼントにも
おすすめの小物たち

21・22 ベビーシューズ

小さなあんよにかわいいベビーシューズ。
ヨーロッパでは幸せを呼び込むラッキー
アイテムにもなっているので、贈り物に
ぴったりのアイテムです。

作り方 → 32 ページ

28ページ 9 ウサギ

材料

A布(ネル)10cm幅15cm
B布(ブロード)10cm幅5cm
C布(ダブルガーゼ)20cm幅20cm
レースA0.9cm幅10cm
レースB1cm幅10cm
25番刺しゅう糸(茶)
鳴き笛1個
手芸わた少々
✿できあがり寸法
タテ約14cm

型紙について

★実物大の型紙:108ページに掲載。
＊使用するパーツ:頭／後ろ／前上／前下

※型紙に縫い代はついていません。
　裁ち方図の縫い代寸法をつけて布を裁ちます。

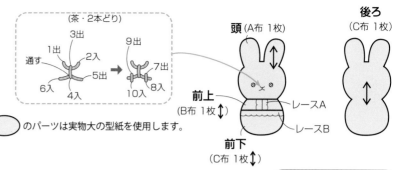

（茶・2本どり）
1出　3出　9出
通す　2入　7出
6入　5出　8入
4入　10入

◯ のパーツは実物大の型紙を使用します。

頭(A布 1枚)
後ろ(C布 1枚)
前上(B布 1枚)　レースA　レースB
前下(C布 1枚)

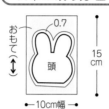
A布の裁ち方図
おもて　0.7　頭　15cm　←10cm幅→

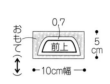
B布の裁ち方図
おもて　0.7　前上　5cm　←10cm幅→

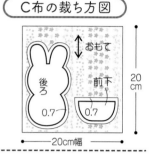
C布の裁ち方図
おもて　後ろ　0.7　前下　0.7　20cm　←20cm幅→

28ページ 10 ネコ

材料

A布(ネル)10cm幅15cm
B布(ダブルガーゼ)10cm幅5cm
C布(綿プリント)20cm幅20cm
ボンテンブレード1cm幅10cm
モチーフ大きさ1cm1枚
25番刺しゅう糸(茶・ピンク)
鳴き笛1個
手芸わた少々
✿できあがり寸法
タテ約12cm

型紙について

★実物大の型紙:108・109ページに掲載。
＊使用するパーツ:頭／後ろ／前上／前下

※型紙に縫い代はついていません。
　裁ち方図の縫い代寸法をつけて布を裁ちます。

◯ のパーツは実物大の型紙を使用します。

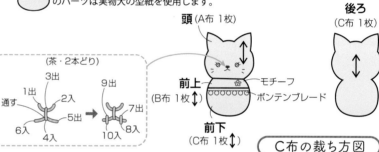

（茶・2本どり）
1出　3出　9出
通す　2入　7出
6入　5出　8入
4入　10入

頭(A布 1枚)
後ろ(C布 1枚)
前上(B布 1枚)　モチーフ　ボンテンブレード
前下(C布 1枚)

A布の裁ち方図
おもて　0.7　頭　10cm　←10cm幅→

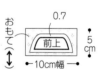
B布の裁ち方図
おもて　0.7　前上　5cm　←10cm幅→

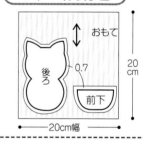
C布の裁ち方図
おもて　後ろ　0.7　前下　20cm　←20cm幅→

28ページ 11 クマ

材料

A布(ネル)10cm幅15cm
B布(ギンガムチェック)10cm幅10cm
C布(ダブルガーゼ)20cm幅20cm
山道テープ0.5cm幅10cm
フェルト(赤・緑)少々
25番刺しゅう糸(茶・赤・黄緑)
鳴き笛1個
手芸わた少々
✿できあがり寸法
タテ約12cm

型紙について

★実物大の型紙:108・109ページに掲載。
＊使用するパーツ:頭／後ろ／前上／前下／リンゴ／葉

※型紙に縫い代はついていません。
　裁ち方図の縫い代寸法をつけて布を裁ちます。

◯ のパーツは実物大の型紙を使用します。

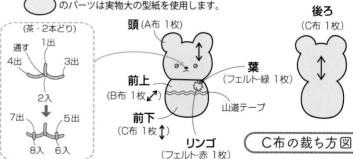

（茶・2本どり）
通す　1出　3出
4出
2入
7出　5出
8入　6入

頭(A布 1枚)
後ろ(C布 1枚)
葉(フェルト・緑 1枚)
前上(B布 1枚)　山道テープ
前下(C布 1枚)
リンゴ(フェルト・赤 1枚)

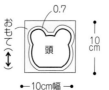
A布の裁ち方図
おもて　0.7　頭　10cm　←10cm幅→

B布の裁ち方図
おもて　0.7　前上　10cm　←10cm幅→

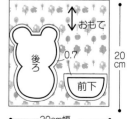
C布の裁ち方図
おもて　後ろ　0.7　前下　20cm　←20cm幅→

作り方

縫い始めと縫い終わりは返し縫いをします

① 上前にレースを つける （No.9のみ）

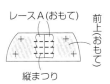

レースA（おもて）　前上（おもて）

縦まつり

② 前上と前下を 縫い合わせる

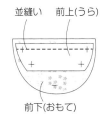

並縫い　前上（うら）

前下（おもて）

③ 飾りをつける

No.9

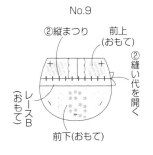

②縦まつり　前上（おもて）

②縫い代を開く

レースB（おもて）

前下（おもて）

No.10

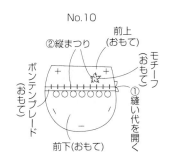

②縦まつり　前上（おもて）

モチーフ

ボンテンブレード（おもて）

①縫い代を開く

前下（おもて）

④ 前と頭を縫い合わせる

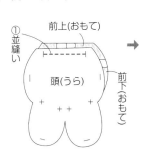

①並縫い　前上（おもて）

頭（うら）

前下（おもて）

頭（おもて）

②縫い代を開く

前上（おもて）

前下（おもて）

No.11

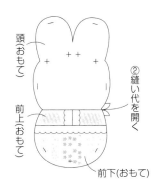

前上（おもて）

②縦まつり　③リンゴと葉をつける

山道テープ（おもて）

①縫い代を開く

前下（おもて）

⑤ 顔を作る

No.9

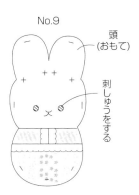

頭（おもて）

刺しゅうをする

No.10

頭（おもて）

刺しゅうをする

No.11

頭（おもて）

刺しゅうをする

⑥ 前と後ろを 縫い合わせる

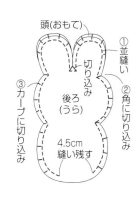

頭（おもて）

①並縫い

切り込み

②角に切り込み

③カーブに切り込み

後ろ（うら）

4.5cm 縫い残す

⑦ 手芸わたをつめ、 鳴き笛を入れる

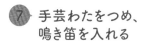

①おもてに返す

②手芸わたをつめる

③鳴き笛を入れる

前下（おもて）

⑧ 返し口をまつる

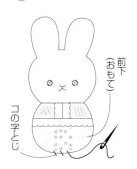

前下（おもて）

コの字とじ

できあがり

No.9 ウサギ

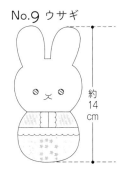

約14cm

No.10 ネコ

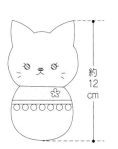

約12cm

No.11 クマ

約12cm

21

22

21 材料

A布(綿ストライプ)35cm幅15cm
B布(ブロード)15cm幅15cm
C布(ブロード)50cm幅15cm
接着キルト芯50cm幅15cm
リボン1cm幅60cm

❀できあがり寸法
底の長さ約9cm

22 材料

A布(綿プリント)35cm幅15cm
B布(ブロード)30cm幅15cm
C布(ギンガムチェック)50cm幅15cm
接着キルト芯50cm幅15cm
ボタン直径1cm1個
ナイロンスナップ直径0.9cm1組

❀できあがり寸法
底の長さ約9cm

型紙について
★実物大の型紙:111ページに掲載。
*使用するパーツ:
　甲/底/ベルト(No.22のみ)/タブ(No.22のみ)
※型紙に縫い代はついていません。
　裁ち方図の縫い代寸法をつけて布を裁ちます。

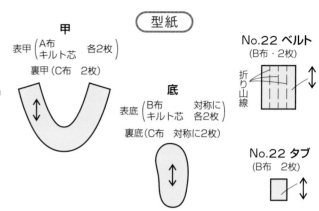

型紙

甲
表甲 (A布 / キルト芯　各2枚)
裏甲 (C布　2枚)

底
表底 (B布 / キルト芯　対称に各2枚)
裏底 (C布　対称に2枚)

No.22 ベルト
(B布・2枚)
折り山線

No.22 タブ
(B布　2枚)

　　のパーツは実物大の型紙を使用します。

A布の裁ち方図

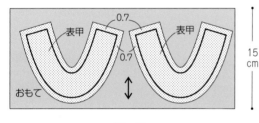

0.7
表甲
0.7
表甲
おもて
15cm
35cm幅

▨=接着キルト芯を貼る位置

B布の裁ち方図

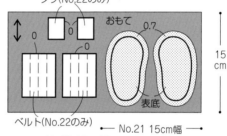

タブ(No.22のみ)
0 　 0
0
おもて
0.7
表底
ベルト(No.22のみ)
No.21 15cm幅
No.22 30cm幅
15cm

▨=接着キルト芯を貼る位置

C布の裁ち方図

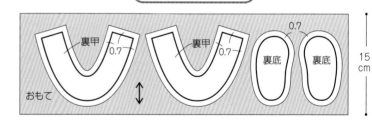

裏甲　0.7
裏甲　0.7
0.7
裏底　裏底
おもて
15cm
50cm幅

No.22 作り方

縫い始めと縫い終わりは返し縫いをします
※手縫いの場合は「ミシン」を「並縫い」にします

縫い始める前に
表甲と表底のうらに
接着キルト芯を貼る

① 甲のかかと部分を縫う

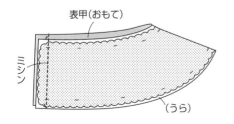

表甲(おもて)
ミシン
(うら)

※裏甲も同様に縫う

② 表甲と表底を縫い合わせる

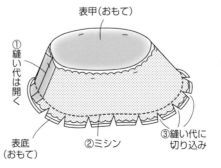

表甲(おもて)
①縫い代は開く
表底
(おもて)
②ミシン
③縫い代に切り込み

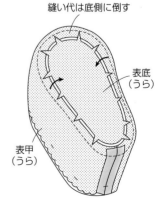

縫い代は底側に倒す
表底
(うら)
表甲
(うら)

③ 裏甲と裏底を
縫い合わせる

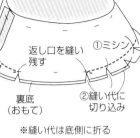

裏甲（おもて）

返し口を縫い
残す

①ミシン

裏底
（おもて）

②縫い代に
切り込み

※縫い代は底側に折る

④ ベルトを作る

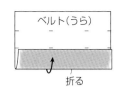

ベルト（うら）

折る

1cm

折る

（うら）

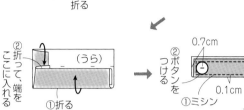

②
折って、端を
ここに入れる

（うら）

①折る

0.7cm

②
ボタンを
つける

（おもて）

①ミシン

0.1cm

つけ位置

かかと側

※左右対称に2枚作る

⑤ タブを作る

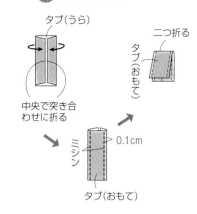

タブ（うら）

中央で突き合
わせに折る

二つ折る

タブ（おもて）

ミシン

0.1cm

タブ（おもて）

⑥ 表甲にベルトとタブをつける

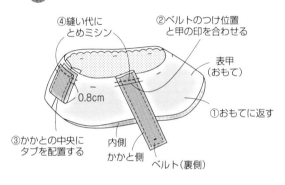

④縫い代に
とめミシン

②ベルトのつけ位置
と甲の印を合わせる

0.8cm

③かかとの中央に
タブを配置する

内側

かかと側

ベルト（裏側）

表甲
（おもて）

①おもてに返す

⑦ 表と裏を重ねてはき口を縫う

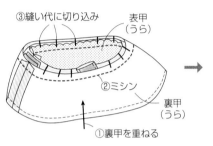

③縫い代に切り込み

表甲
（うら）

②ミシン

裏甲
（うら）

①裏甲を重ねる

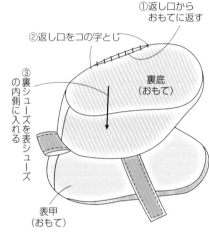

①返し口から
おもてに返す

②返し口をコの字とじ

③
裏シューズを表シューズ
の内側に入れる

裏底
（おもて）

表甲
（おもて）

⑧ ベルトにスナップをつける

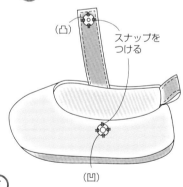

（凸）

スナップを
つける

（凹）

できあがり

N0.21 作り方

縫い始めと縫い終わりは返し縫いをします
※手縫いの場合は「ミシン」を「並縫い」にします

縫い始める前に
表甲と表底のうらに
接着キルト芯を貼る

① 甲のかかと部分を縫う（32ページ参照）

② 表甲と表底を縫い合わせる（32ページ参照）

③ 裏甲と裏底を縫い合わせる（上図参照）

④ 表甲にリボンをつける

縫い代にとめ
ミシン

表甲
（おもて）

1cm

長さ＝15cm

リボン

⑤ 表と裏を重ねてはき口を縫う
（上図参照）

できあがり

おくるみ

23

23 おくるみ 🖊

2種類のダブルガーゼを組み合わせ
た柔らかなおくるみは、ブランケット
としても使える頼もしい存在です。

作り方 ➡ 35 ページ

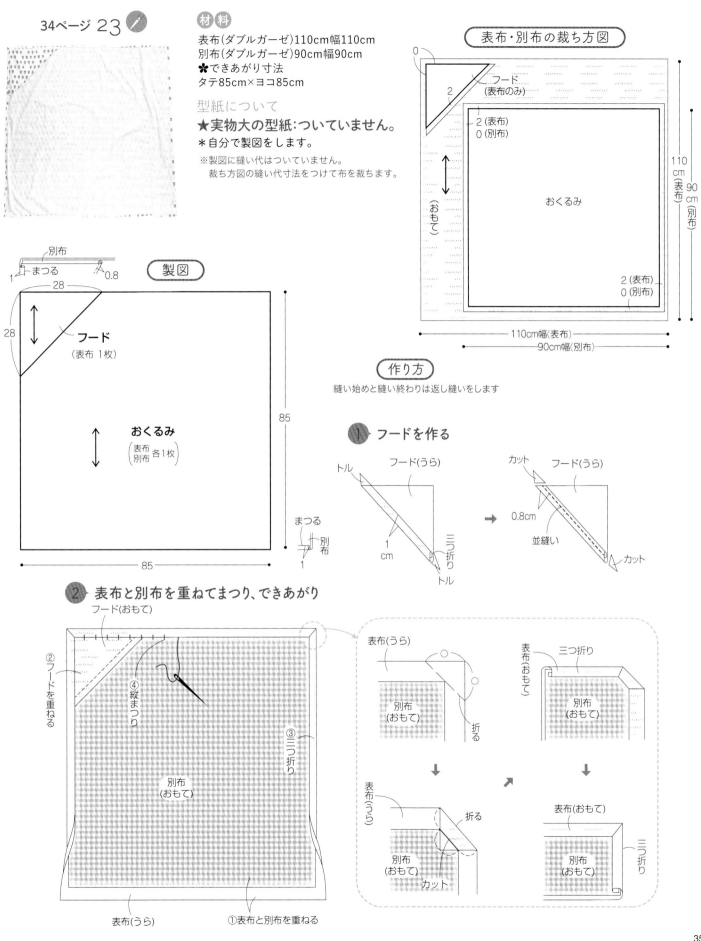

材料
表布(ダブルガーゼ)110cm幅110cm
別布(ダブルガーゼ)90cm幅90cm
❀できあがり寸法
タテ85cm×ヨコ85cm

型紙について
★実物大の型紙:ついていません。
＊自分で製図をします。
※製図に縫い代はついていません。
　裁ち方図の縫い代寸法をつけて布を裁ちます。

表布・別布の裁ち方図

0

フード
(表布のみ)

2

2 (表布)
0 (別布)

110
cm
(表布)

90
cm
(別布)

おもて

おくるみ

2 (表布)
0 (別布)

110cm幅(表布)
90cm幅(別布)

製図

別布
1　まつる　0.8

28

28

フード
(表布 1枚)

おくるみ
(表布
別布　各1枚)

85

85

まつる

別布

1

作り方
縫い始めと縫い終わりは返し縫いをします

1 フードを作る

トル

フード(うら)

1
cm

三つ折り

トル

カット

フード(うら)

0.8cm

並縫い

カット

2 表布と別布を重ねてまつり、できあがり

フード(おもて)

②フードを重ねる

④縦まつり

③三つ折り

別布
(おもて)

表布(うら)

①表布と別布を重ねる

表布(うら)

折る

別布
(おもて)

表布(おもて)

三つ折り

別布
(おもて)

表布(うら)

折る

別布
(おもて)

カット

表布(おもて)

別布
(おもて)

三つ折り

お世話グッズ

24

肩ひもとタブの間に
ワイヤーが入っているので、
ケープが固定でき、
授乳中のベビーを見守れます。

24 授乳ケープ

外からの視線をさえぎる授乳
ケープは、外出先での心強い
アイテム。ワイヤー入りなので、
授乳中に顔が見えて安心。

作り方 ➡ 90 ページ

両サイドにタックが
入っているので
収納力もたっぷり！
おしりふきに加え、
おむつもしまえて大助かり。

25

25 おしりふきポーチ

お気に入りのハンドタオルで作る、
おしりふきポーチ。取り出しやすい
ファスナー使いのデザインです。

作り方 ➡ 91 ページ

抱っこしたときに
ベビーの口元に
当たるように装着します。

26・27 抱っこひも用サッキングパッド

抱っこひもの肩ひもがよだれで汚れるのを防ぐパッドです。ダブルガーゼやタオル地など吸水性があってベビーの肌にもやさしい素材で作りましょう。洗い替え用にいくつか作っておくと重宝します。

作り方 ➡ 38 ページ

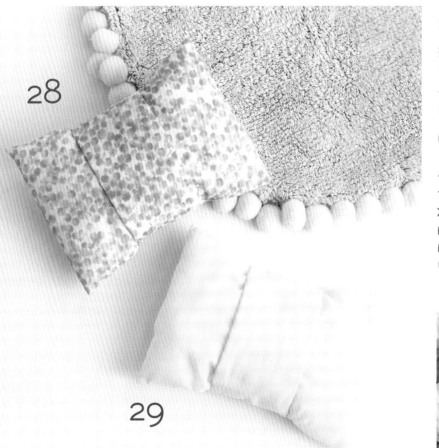

28・29　授乳用腕まくら

授乳時に授乳する人の腕や手につけて、ベビーの頭を支えるまくらです。ふっくらとしたリボン型で暑い季節には保冷剤を入れられるようにしました。

作り方 ➡ 39 ページ

タブの中に保冷剤
を入れられます。
冷たすぎる場合
はタオルをまくら
にかぶせて使いま
しょう。

37

26

27

材料 (1セット分)

表布(ダブルガーゼ)110cm幅20cm
接着キルト芯50cm幅20cm
バイアステープ(縁どりタイプ)1.1cm幅160cm
面ファスナー2.5cm幅40cm
❀できあがり寸法(広げた状態)
タテ16.5cm×ヨコ20.5cm

型紙について
★実物大の型紙:ついていません。
*自分で製図をします。
※縫い代をつけずに布を裁ちます。

製 図

カバー
(表布 4枚
接着キルト芯 2枚)

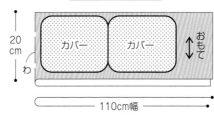

縁どり幅=1.1
(バイアステープ)

面ファスナー(裏面)
面ファスナー

裁ち切り
2.5
0.2
0.2
2.5
縁どり
16.5
1
1
20.5
面ファスナー
キルト芯
面ファスナー
キルト芯

表布の裁ち方図

20cm
わ
カバー カバー
おもて
110cm幅

▨ =接着キルト芯を貼る位置

作り方

縫い始める前に
表カバーのうらに
接着キルト芯を貼る

縫い始めと縫い終わりは返し縫いをします

① 表カバーと裏カバーを合わせ まわりに仮止めミシンをする

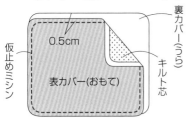

仮止めミシン
0.5cm
裏カバー(うら)
キルト芯
表カバー(おもて)

② 面ファスナーをつける

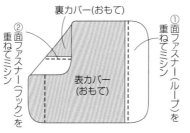

裏カバー(おもて)
②面ファスナー(ループ)を重ねてミシン
①面ファスナー(フック)を重ねてミシン
表カバー(おもて)
面ファスナー(フック)を重ねてミシン

③ まわりを縁どりでくるんで、できあがり

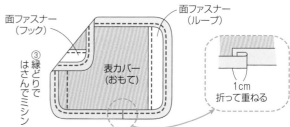

面ファスナー(フック)
面ファスナー(ループ)
③縁どりではさんでミシン
表カバー(おもて)
1cm折って重ねる

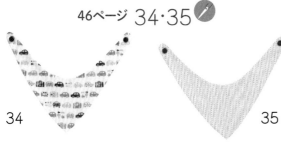

34

35

材料

34 表布(ダブルガーゼ)40cm幅30cm
35 表布(綿プリント)40cm幅30cm
別布(ブロード)40cm幅30cm
ワンタッチプラスナップスリム直径1.3cm1組
❀できあがり寸法
首まわり約35cm

型紙

スタイ
(表布
別布 各1枚)

ワンタッチプラスナップ(表面・凹)
ワンタッチプラスナップ(裏面・凸)
返し口

⬭ のパーツは実物大の型紙を使用します。

型紙について
★実物大の型紙:A面34を使用します。
*使用するパーツ:スタイ
※型紙に縫い代はついていません。
裁ち方図の縫い代寸法をつけて布を裁ちます。

表布・別布の裁ち方図

スタイ
おもて
30cm
40cm幅

① まわりを縫う

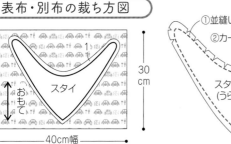

①並縫い
②カーブに切り込み
スタイ(うら)
返し口を縫い残す
スタイ(おもて)

② おもてに返し、まつる

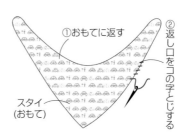

①おもてに返す
②返し口をコの字とじする
スタイ(おもて)
スタイ(おもて)

③ ワンタッチプラスナップをつけ、できあがり

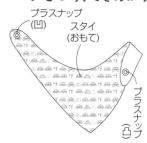

プラスナップ(凹)
スタイ(おもて)
プラスナップ(凸)

28

29

材料（1点分）

表布（ダブルガーゼ）110cm幅50cm
ナイロンスナップ直径1cm4組
面ファスナー2.5cm幅10cm
手芸わた　約30g

❀できあがり寸法
タテ19cm×ヨコ26cm

型紙について

★実物大の型紙：ついていません
＊自分で製図をします。
※製図に縫い代はついていません。
　裁ち方図の縫い代寸法をつけて布を裁ちます。

製図

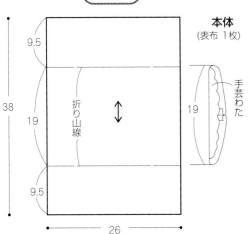

本体
（表布 1枚）

9.5
38
19
9.5
26
折り山線
19
手芸わた

タブ
（表布 2枚）

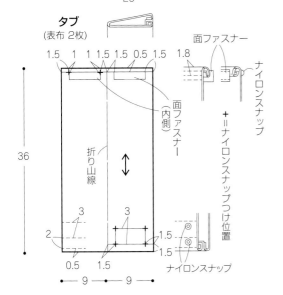

1.5　1　1　1.5　1.5　0.5　1.5
1.8
面ファスナー
面ファスナー（内側）
ナイロンスナップ
＋＝ナイロンスナップつけ位置
36
折り山線
3　3
2
1.5
1.5
0.5　1.5
9　9
ナイロンスナップ

表布の裁ち方図

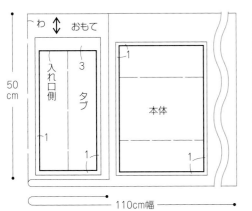

わ　おもて
入れ口側
3　タブ
1
1
1
本体
1　1
50cm
110cm幅

作り方

縫い始めと縫い終わりは返し縫いをします

1 本体を作る

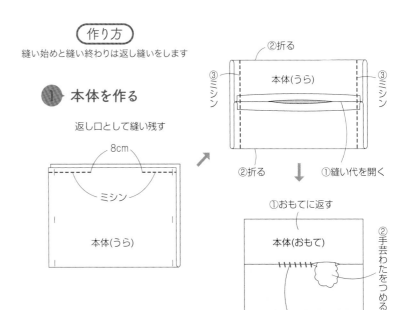

返し口として縫い残す
8cm
ミシン
本体（うら）

②折る
本体（うら）
③ミシン　③ミシン
②折る
①縫い代を開く

①おもてに返す
本体（おもて）
②手芸わたをつめる
③返し口をまつる

2 タブを作る

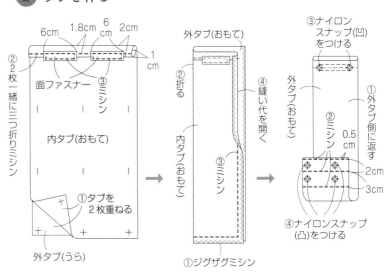

6cm　1.8cm　6cm　2cm
1cm
②2枚一緒に三つ折りミシン
面ファスナー
③ミシン
内タブ（おもて）
①タブを2枚重ねる
外タブ（うら）
①ジグザグミシン

外タブ（おもて）
②折る
内タブ（おもて）
③ミシン
④縫い代を開く

③ナイロンスナップ（凹）をつける
外タブ（おもて）
①外タブ側に返す
②ミシン
0.5cm
2cm
3cm
④ナイロンスナップ（凸）をつける

3 本体とタブをあわせてできあがり

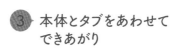

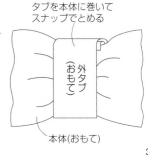

タブを本体に巻いてスナップでとめる
外タブ（おもて）
本体（おもて）

サイズ
50〜90

30

30 スリーパー

寝冷え対策に心強い、肩から足元ま
ですっぽり覆ってくれるスリーパー。
面ファスナーをはがすと、大きく広
がるので着せるのも簡単です。

作り方 ➡ 41 ページ

材料
表布(スムースキルティング)86cm幅120cm
ニットテープ(縁どりタイプ)1.1cm幅340cm
面ファスナーソフトタイプ2.5cm幅10cm
✿できあがり寸法
着丈57cm
バスト94cm
型紙について
★実物大の型紙:A面30を使用します。
＊使用するパーツ：前／後ろ

※型紙に縫い代はついていません。
　裁ち方図の縫い代寸法をつけて布を裁ちます。

◯ のパーツは実物大の型紙を使用します。

表布の裁ち方図

後ろ
後ろ中心線
おもて
2
前
前中心線
2
120cm
86cm幅

作り方
縫い始めと縫い終わりは返し縫いをします

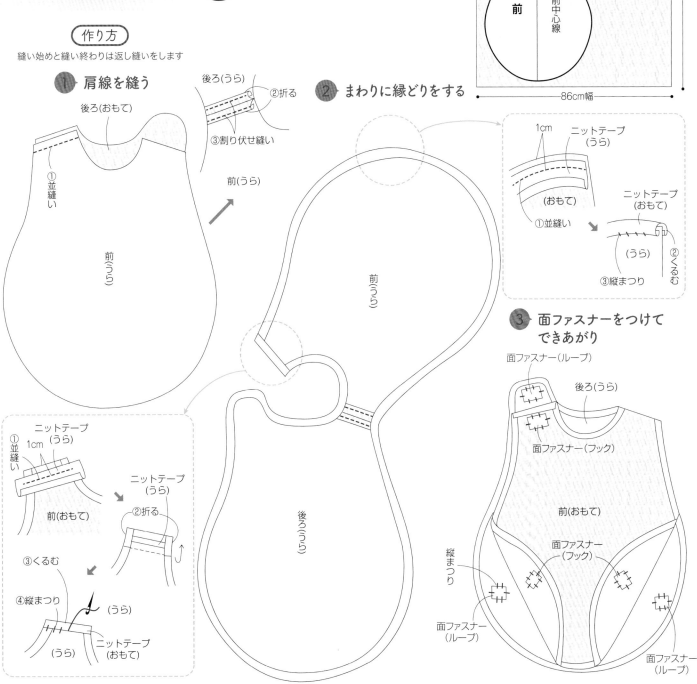

1 肩線を縫う

後ろ(おもて)
後ろ(うら)
②折る
③割り伏せ縫い
①並縫い
前(うら)
前(うら)

2 まわりに縁どりをする

1cm
ニットテープ(うら)
①並縫い
(おもて)
ニットテープ(おもて)
②くるむ
(うら)
③縦まつり

①並縫い
ニットテープ(うら)
1cm
前(おもて)
ニットテープ(うら)
②折る
③くるむ
④縦まつり
(うら)
ニットテープ(おもて)

後ろ(うら)

3 面ファスナーをつけてできあがり

面ファスナー(ループ)
面ファスナー(フック)
後ろ(うら)
前(おもて)
面ファスナー(フック)
縦まつり
面ファスナー(ループ)
面ファスナー(ループ)

寒い季節に大活躍の防寒アイテム

31・32 リバーシブルベスト

ニット地とタオル地を合わせたリバーシブル仕立ての便利なベスト。袖ぐりが深いので重ね着してもモコモコせず、手軽に体温調整ができる嬉しい1枚。

作り方 ➡ 97 ページ

31

32

裏返して

裏返して

サイズ
60〜80

33

前と後ろはタブで
とめられます。

33 マント

抱っこでのお出かけにおすすめのふわもこマント
は、ベビーカーのときは広げてブランケットの代
わりにもなるのでとっても便利。表布は柔らかな
シープボア、裏布は綿プリントを使用しています。

作り方 ➡ 44 ページ

材料

表布(シープボア)150cm幅70cm
別布(ブロードプリント)110cm幅80cm
接着芯112cm幅35cm
ボタン直径1.8cm3個
ワンタッチプラスナップスリム直径0.9cm2組
❀できあがり寸法
着丈33cm

型紙について

★実物大の型紙:B面33を使用します。

*使用するパーツ:身頃／前立て／衿
*タブの型紙はついていません。自分で製図をします。
※型紙と製図には縫い代はついていません。
　裁ち方図の縫い代寸法をつけて布を裁ちます。

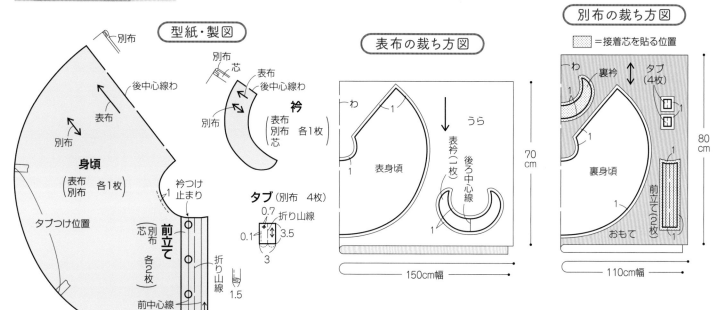

型紙・製図

別布
表布
後中心線わ
別布
表布
後中心線わ
身頃
(表布
別布　各1枚)
タブつけ位置
衿つけ止まり
衿
表布
別布
芯　各1枚
前立て
芯
別布　各2枚
折り山線
前中心線
0.1

タブ (別布　4枚)
0.7　折り山線
0.1　3.5
3
1.5

表布の裁ち方図

わ
うら
表身頃
表衿(一枚)
後ろ中心線
150cm幅
70cm

別布の裁ち方図

⬜ =接着芯を貼る位置

わ
裏衿
タブ
(4枚)
裏身頃
前立て
(2枚)
おもて
110cm幅
80cm

◯◯◯ のパーツは実物大の型紙を使用します。

作り方

縫い始めと縫い終わりは返し縫いをします

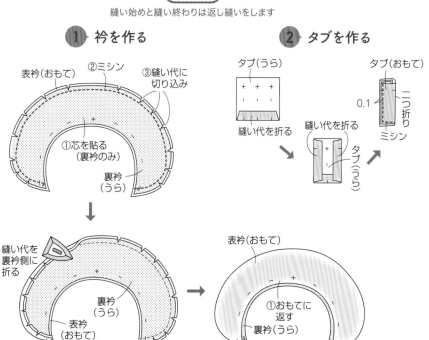

① 衿を作る

表衿(おもて)
②ミシン
③縫い代に切り込み
①芯を貼る(裏衿のみ)
裏衿(うら)

縫い代を裏衿側に折る
表衿(うら)
裏衿(うら)

表衿(おもて)
①おもてに返す
裏衿(うら)

② タブを作る

タブ(うら)
縫い代を折る
タブ(うら)
縫い代を折る
0.1
タブ(おもて)
二つ折り
ミシン

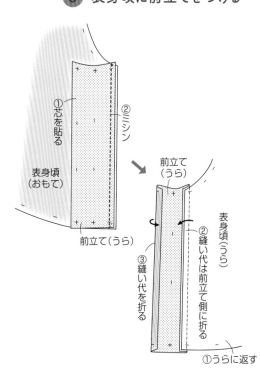

③ 表身頃に前立てをつける

①芯を貼る
②ミシン
表身頃(おもて)
前立て(うら)

前立て(うら)
表身頃(うら)
②縫い代は前立て側に折る
③縫い代を折る
①うらに返す

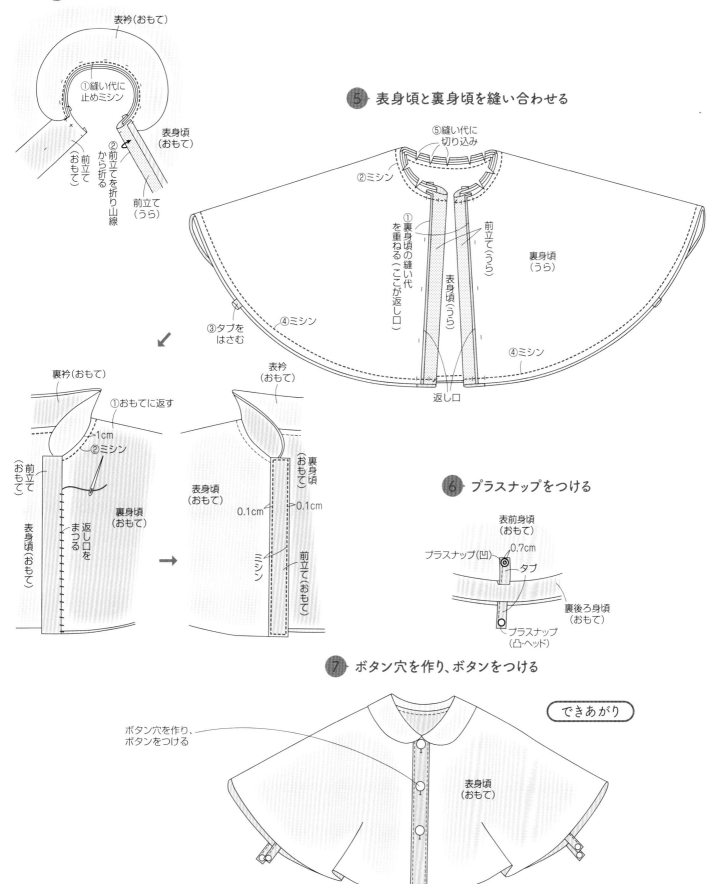

4 衿をつける

表衿（おもて）

①縫い代に止めミシン

②前立てを折り山線から折る

前立て（うら）

表身頃（おもて）

前立て（おもて）

5 表身頃と裏身頃を縫い合わせる

⑤縫い代に切り込み

②ミシン

①裏身頃の縫い代を重ねる（ここが返し口）

前立て（うら）

表身頃（うら）

裏身頃（うら）

③タブをはさむ

④ミシン

④ミシン

返し口

裏衿（おもて）

①おもてに返す

1cm

②ミシン

前立て（おもて）

表身頃（おもて）

返し口をまつる

裏身頃（おもて）

表衿（おもて）

裏身頃（おもて）

0.1cm　0.1cm

表身頃（おもて）

ミシン

前立て（おもて）

6 プラスナップをつける

表前身頃（おもて）

0.7cm

プラスナップ（凹）

タブ

プラスナップ（凸・ヘッド）

裏後ろ身頃（おもて）

7 ボタン穴を作り、ボタンをつける

ボタン穴を作り、ボタンをつける

でき あがり

表身頃（おもて）

いっぱい作りたい
スタイ＆お食事エプロン

34

35

36

37

34・35 V型スタイ

スカーフみたいにかっこいいV型のスタイ。かわいい布地を見かけたら、布違いで何枚も作ってあげたいですね。

作り方 ➡ 38ページ

36・37 タオル使いのスタイ

市販のハンドタオルをカットして、首まわりを縁どりした超かんたんスタイ。洗い替え用にいくつも作っておくと重宝します。

作り方 ➡ 49ページ

サイズ
60〜80

サイズ
60〜80

38

39

38・39 アニマルスタイ

ひつじさんとネコちゃんのお顔をつけたスタイは、赤ちゃんならではのデザイン。後ろの首まわりはゴム入りなので、つけ外しがかんたんです。

作り方 ➡ 92 ページ

40・41 お食事エプロン

離乳食が始まったら、衿元から膝までの広い範囲をカバーしてくれるエプロンが便利。腕を通すタイプなので、ズレにくいのもうれしいですね。

作り方 ➡ 48 ページ

40

41

サイズ
70〜90

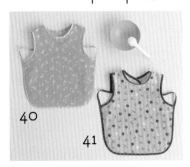

47ページ 40・41

材料（1点分）
表布（ダブルガーゼ）30cm幅50cm
裏布（タオル地）30cm幅50cm
バイアステープ（縁どりタイプ）0.8cm幅210cm
面ファスナーソフトタイプ2.5cm幅2cm

❀できあがり寸法
首まわり　約30cm

型紙について

★実物大の型紙：B面40を使用します。

＊使用するパーツ：エプロン
※型紙と製図に縫い代はついていません。
　裁ち方図の縫い代寸法をつけて布を裁ちます。

40

41

作り方

縫い始めと縫い終わりは返し縫いをします

型紙・製図

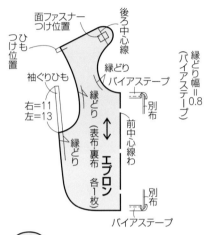

面ファスナーつけ位置
ひもつけ位置
後ろ中心線
縁どりバイアステープ
縁どり幅＝0.8（バイアステープ）
袖ぐりひも
右＝11
左＝13
縁どり
縁どり（表布・裏布　各1枚）
別布
前中心線わ
別布
バイアステープ
エプロン

のパーツは実物大の型紙を使用します。

表布・別布の裁ち方図

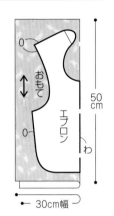

0
おもて
エプロン
0
わ
50cm
30cm幅

① 表と裏を縫い合わせる

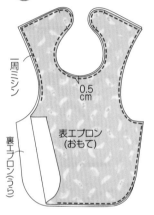

周ミシン
裏エプロン（うら）
0.5cm
表エプロン（おもて）

② 袖ぐりに縁どりをする

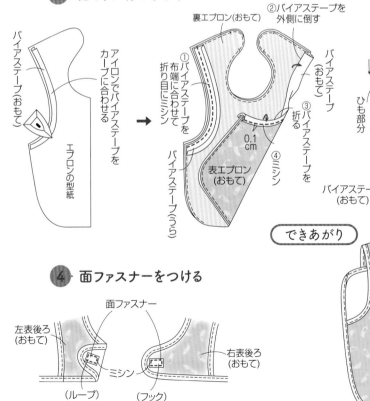

バイアステープ（おもて）
アイロンでバイアステープをカーブに合わせる
エプロンの型紙
裏エプロン（おもて）
②バイアステープを外側に倒す
①バイアステープを布端に合わせて折り目にミシン
バイアステープ（うら）
バイアステープ（おもて）
③バイアステープを折る
0.1cm
④ミシン
表エプロン（おもて）

③ まわりに縁どりをする

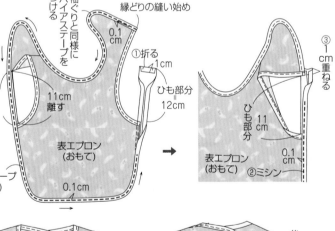

②袖ぐりと同様にバイアステープをつける
縁どりの縫い始め
0.1cm
①折る1cm
11cm離す
ひも部分＝12cm
表エプロン（おもて）
バイアステープ（おもて）
0.1cm
③1cm重ねる
ひも部分
11cm
0.1cm
表エプロン（おもて）
②ミシン

④ 面ファスナーをつける

左表後ろ（おもて）
面ファスナー
ミシン
（ループ）
（フック）
右表後ろ（おもて）

できあがり

前

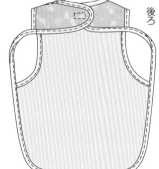

後ろ

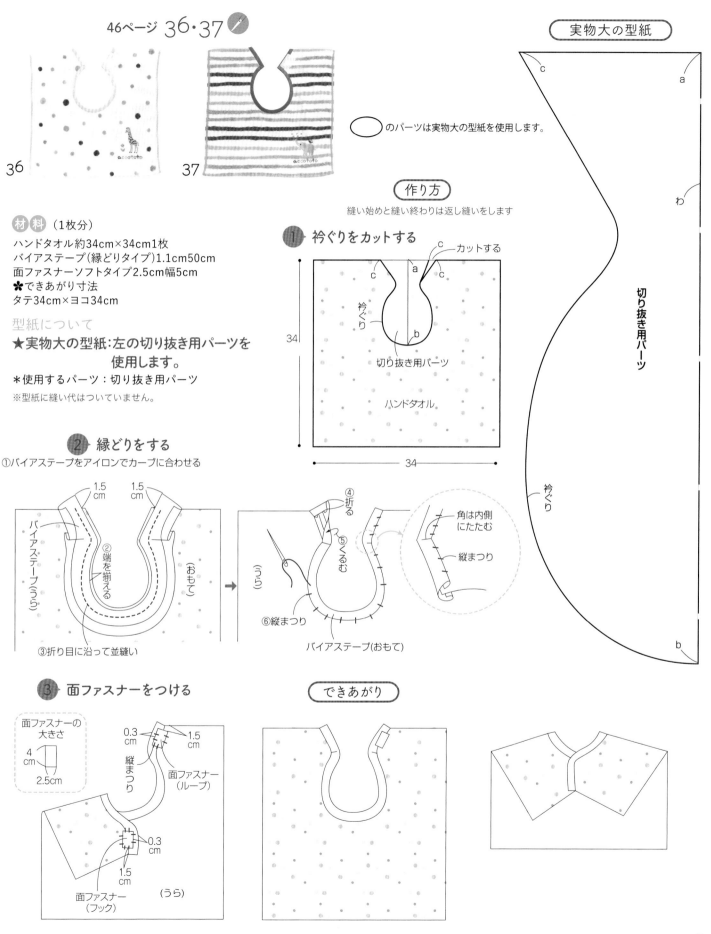

36

37

材料（1枚分）

ハンドタオル 約34cm×34cm1枚
バイアステープ（縁どりタイプ）1.1cm 50cm
面ファスナーソフトタイプ2.5cm幅5cm
✿できあがり寸法
タテ34cm×ヨコ34cm

型紙について

★実物大の型紙：左の切り抜き用パーツを
使用します。

＊使用するパーツ：切り抜き用パーツ

※型紙に縫い代はついていません。

実物大の型紙

◯ のパーツは実物大の型紙を使用します。

c
a
わ
切り抜き用パーツ
衿ぐり
b

作り方

縫い始めと縫い終わりは返し縫いをします

1 衿ぐりをカットする

カットする
c
a
c
c
衿ぐり
b
切り抜き用パーツ
ハンドタオル
34
34

2 縁どりをする

①バイアステープをアイロンでカーブに合わせる

1.5cm
1.5cm
バイアステープ（うら）
②端を揃える
（おもて）
③折り目に沿って並縫い

④折る
⑤くるむ
（うら）
⑥縦まつり
バイアステープ（おもて）

角は内側にたたむ
縦まつり

3 面ファスナーをつける

面ファスナーの大きさ
4cm
2.5cm

0.3cm
1.5cm
縦まつり
面ファスナー（ループ）

0.3cm
1.5cm
面ファスナー（フック）
（うら）

できあがり

ドーナツスタイと ベビーブルマ

42

サイズ
スタイ
60〜80

43

サイズ
ブルマ
50〜60
70〜80

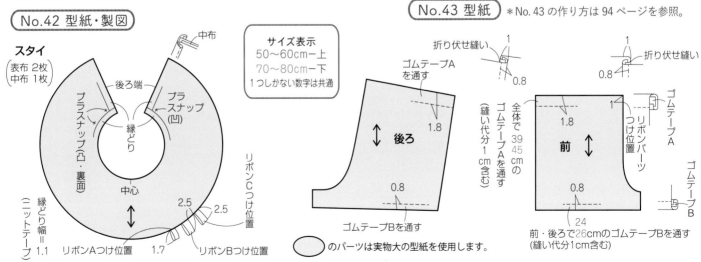

後ろのプラスナップで
サイズ調整ができます。

42 ドーナツスタイ 🧵
43 ベビーブルマ 🧵

かんたんに作れるドーナツス
タイとベビーブルマのセット
です。いくつあっても重宝す
るアイテムなので、プレゼン
トにもぴったり！

作り方 ➡ 50 ページ

材料(1セット分)		50〜60cmサイズ	70〜80cmサイズ
表布(ボーダーニット)	90cm 幅	90cm	90cm
中布 (ダブルガーゼ)	110cm 幅	40cm	40cm
ニットテープ (縁どりタイプ)	1.1cm 幅	80cm	80cm
ワンタッチプラスナップ	直径 0.9cm 幅	2組	2組
リボンA・B・C	0.6〜1cm 幅 3種類	各10cm	各10cm
ゴムテープA	3.5cm 幅	40cm	50cm
ゴムテープB	1.5cm 幅	50cm	60cm
できあがり寸法			
43 総丈		17cm	20cm

型紙について

★実物大の型紙：42はA面42を、43はA面43を使用します。

*使用するパーツ　42：スタイ
　　　　　　　　43：前／後ろ

※型紙・製図に縫い代はついていません。
　裁ち方図の縫い代寸法をつけて布を裁ちます。
※プラスナップの位置はお子様に合わせて調節してください。

No.42 型紙・製図

スタイ

(表布 2枚
中布 1枚)

後ろ端
中布
プラスナップ (凹)
プラスナップ (凸)
プラスナップ (凸・裏面)
縁どり
中心
縁どり幅＝1.1 (ニットテープ)
リボンCつけ位置
2.5　2.5
リボンAつけ位置　1.7　リボンBつけ位置

サイズ表示
50〜60cm＝上
70〜80cm＝下
1つしかない数字は共通

No.43 型紙　*No. 43 の作り方は 94 ページを参照。

折り伏せ縫い
1
0.8

ゴムテープA
を通す
後ろ
1.8
0.8
ゴムテープBを通す

折り伏せ縫い
1
0.8

全体で
39
45cm
のゴムテープAを通す
(縫い代分1cm含む)

前
1.8
1
リボンパーツ
つけ位置
ゴムテープA
ゴムテープB

0.8
24
前・後ろで26cmのゴムテープBを通す
(縫い代分1cm含む)

⬭ のパーツは実物大の型紙を使用します。

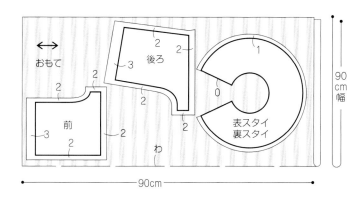

表布の裁ち方図

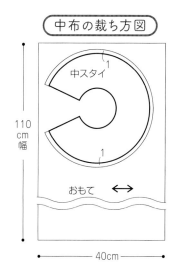

中布の裁ち方図

No.42 作り方

縫い始めと縫い終わりは返し縫いをします

1 表本体にリボンと中布を仮止めする

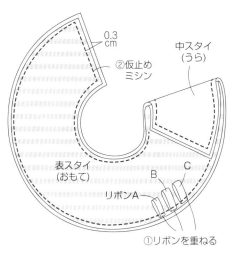

2 まわりを縫う

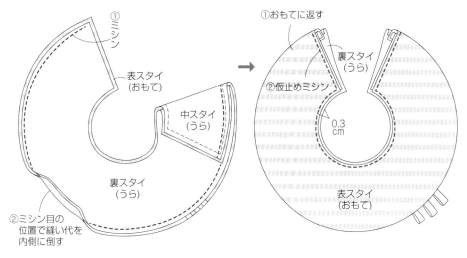

3 縁どりをする

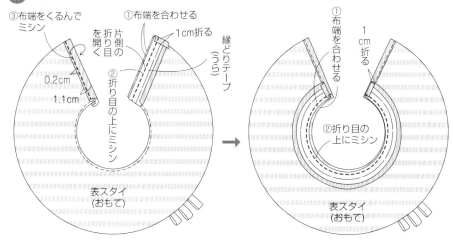

4 プラスナップをつけてできあがり

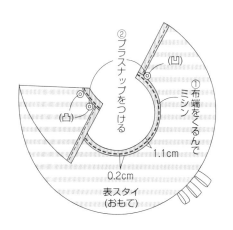

44

45

サイズ
50〜60
70〜80

キュートなベビーブルマ

44・45 ベビーブルマ

お尻にリボンやフリルを飾ったキュートなブルマは、主役級のアイテムです。布地を替えて、たくさん作りましょう。

No.44 作り方 ➡ 96 ページ
No.45 作り方 ➡ 94 ページ

女の子の
ラブリースタイル

46

46 ヘアバンド 🖊

オーガンジーのリボンを重ねて作る
フワフワでゴージャスなヘアバンド。
髪の毛が少ない頃から重宝する、女の
子にマストなヘアアクセサリーです。

作り方 ➡ 79 ページ

サイズ
頭まわり
43〜50
cm

47 キャミソール 🖊

小花柄のチャーミングなキャミソー
ル。1枚で着るのはもちろんのこと、
重ね着しても楽しめます。

作り方 ➡ 54 ページ （写真解説つき）

47

サイズ
70〜80

53ページ 47

材料
表布(綿プリント)112cm幅50cm
ゴムテープ0.7cm幅40cm
ナイロンスナップ直径1cm5組
サテンリボン0.3cm幅20cm
❀できあがり寸法
着丈27cm
バスト72cm

型紙について
★実物大の型紙:A面47を使用します。
＊使用するパーツ:前／後ろ／前ヨーク／
　　　　　　　　後ろヨーク／肩ひも
＊袖ぐり布の実物大の型紙はついていません。
　自分で製図をします。

※型紙・製図に縫い代はついていません。
　裁ち方図の縫い代寸法をつけて布を裁ちます。

⬭ のパーツは実物大の型紙を使用します。

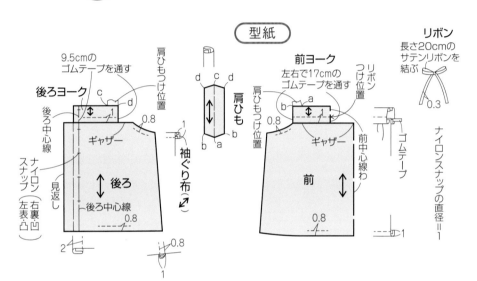

型紙

リボン
長さ20cmのサテンリボンを結ぶ

表布の裁ち方図

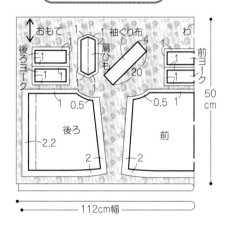

作り方順序

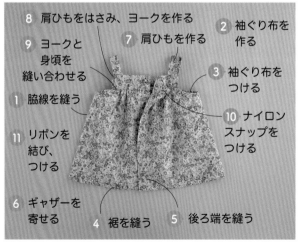

8 肩ひもをはさみ、ヨークを作る
7 肩ひもを作る
2 袖ぐり布を作る
9 ヨークと身頃を縫い合わせる
3 袖ぐり布をつける
1 脇線を縫う
10 ナイロンスナップをつける
11 リボンを結び、つける
6 ギャザーを寄せる
4 裾を縫う
5 後ろ端を縫う

★ミシン目が見えやすいように目立つ色の糸を使っていますが、実際に縫う時は布地に近い色の糸を使いましょう。

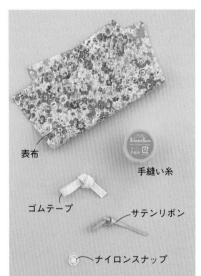

表布
手縫い糸
ゴムテープ
サテンリボン
ナイロンスナップ

1 脇線を縫う

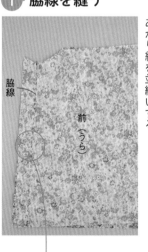

脇線

前(うら)

①前と後ろをおもてどうしに合わせ、できあがり線を並縫いする。

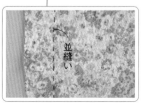

並縫い

脇線

後ろ（うら）

後ろ（うら）

②後ろの縫い代を半分より少なめにカット。

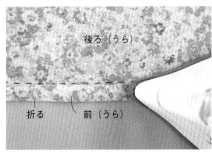

後ろ（うら）

折る　　前（うら）

③前の縫い代でくるむように、アイロンで折る。

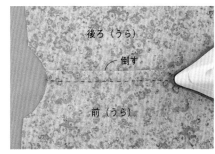

後ろ（うら）

倒す

前（うら）

④布を開いて、縫い代を後ろ側にアイロンで倒す。

② 袖ぐり布を作る

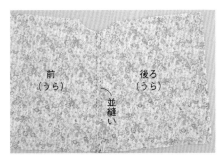

前（うら）　　　後ろ（うら）

並縫い

⑤並縫いで縫い代を縫う（折り伏せ縫い）。

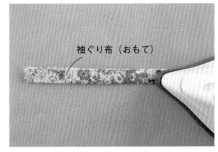

袖ぐり布（おもて）

①袖ぐり布をアイロンで半分に折る。

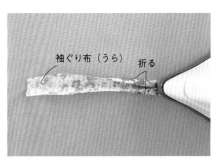

袖ぐり布（うら）　折る

②袖ぐり布を折り目に合わせて、突き合わせになるようにアイロンで折る。

③ 袖ぐり布をつける

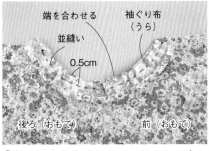

袖ぐり布（おもて）

こちら側を伸ばす

後ろの型紙　　　前の型紙

③きれいに仕上げるために、袖ぐり布をアイロンで型紙のカーブに合わせる。

端を合わせる　　袖ぐり布（うら）

並縫い

0.5cm

後ろ（おもて）　　　前（おもて）

①袖ぐり布と身頃をおもてどうしに合わせ、並縫いする。

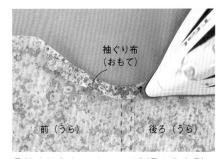

袖ぐり布（おもて）

前（うら）　　　後ろ（うら）

②袖ぐり布をアイロンで身頃のうら側に倒す。

④ 裾を縫う

並縫い

袖ぐり布（おもて）

0.2cm

前（うら）　　　後ろ（うら）

③並縫いで縫い代をとめる。

後ろ（うら）

折る

折る

①裾をアイロンで三つ折りする。

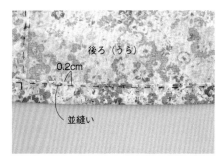

後ろ（うら）

0.2cm

並縫い

②並縫いで縫い代を縫う。

⑤ 後ろ端を縫う

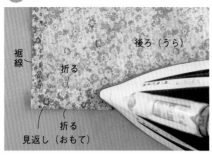

①見返しをアイロンで三つ折りする。

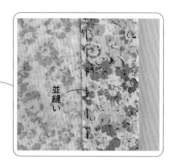

②並縫いで見返しを縫う。

⑥ ギャザーを寄せる

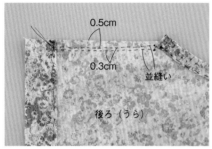

①ギャザーを寄せるために、縫い代をあらく並縫いする。

②糸を引いて、ヨーク寸法までギャザーを寄せる。

⑦ 肩ひもを作る

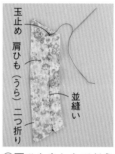

①肩ひもをおもてどうしに合わせ、並縫いする（糸と針は残す）。

②縫い代をアイロンで折る。

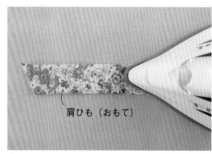

③針を頭の方から肩ひもの中に入れ、反対側から引っ張る。

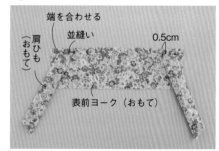

④糸を切り、肩ひもをアイロンで整える。

⑧ 肩ひもをはさみ、ヨークを作る

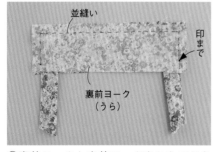

①肩ひもを表前ヨークの縫い代につける。

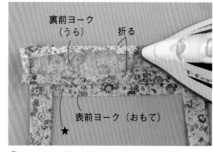

②裏前ヨークと表前ヨークをおもてどうしに合わせ、並縫いする。

③ヨークの縫い代をアイロンで折る。
★ この部分のみ折らない。

④おもてに返し、アイロンで整える。

表後ろヨーク（おもて）

0.5cm

肩ひも（おもて）

並縫い

⑤肩ひもを表後ろヨークの縫い代につける。

裏後ろヨーク（うら）

並縫い

印まで

印まで

⑥裏後ろヨークと表後ろヨークをおもてどうしに合わせ、並縫いする。

裏後ろヨーク（おもて）

★

肩ひも（おもて）

裏前ヨーク（おもて）

⑦おもてに返し、アイロンで整える。
★ この部分のみ折らない。

表後ろヨーク（うら）

裏後ろヨーク（おもて）

表後ろヨーク（うら）

並縫い

並縫い

裏後ろヨーク（おもて）

⑧ゴムテープを通す所の上の部分を並縫いする。

⑨ ヨークと身頃を縫い合わせる

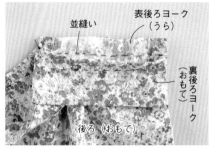

並縫い

表後ろヨーク（うら）

裏後ろヨーク（おもて）

後ろ（おもて）

①表後ろヨークと後ろをおもてどうしに合わせ、並縫いする（前も同様）。

裏後ろヨーク（おもて）

並縫い

ゴムテープ

1cm

1cm

並縫い

0.2cm

後ろ（うら）

②ゴムテープを裏後ろヨークのうらに返し縫いをして縫いつける（前も同様）。

裏後ろヨーク（おもて）

2cm

普通まつり

0.2cm

後ろ（うら）

③縫い代をヨークの中に入れ、まつる（前も同様）。

⑩ ナイロンスナップをつける

表後ろヨーク（おもて）

（凸）　（凹）

ナイロンスナップをつける（詳しいつけ方は84ページ参照）。

⑪ リボンを結び、つける

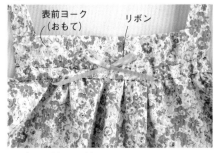

表前ヨーク（おもて）

リボン

リボンを結び、縫いとめる。

⑫ できあがり

前

後ろ

かんたんトップス

48 タオルの上着 ✏️

市販のフェイスタオル1枚で作るかんたん
服。腕を通す部分に切り込みを入れてバイ
アステープでくるむだけ。上部に綿テープ
を通し、首元を絞れば完成です。

作り方 ➡ 58 ページ

サイズ
70〜80

材料

表布(フェイスタオル)
　32cm幅90cm1枚
バイアステープ(縁どりタイプ)
　0.8cm幅80cm
綿テープ1cm幅120cm
✿できあがり寸法
　着丈30cm

型紙について

★実物大の型紙:ついていません。
＊自分で製図をします。

フェイスタオルの裁ち方図

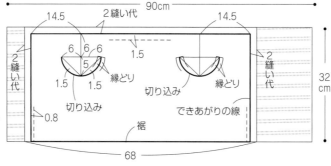

90cm
14.5　2縫い代　14.5
6　6　6　1.5
5
1.5　1.5
縁どり
切り込み　縁どり
切り込み
できあがりの線
2縫い代
2縫い代
0.8
裾
68
32cm

できあがり

後ろで結ぶ

作り方

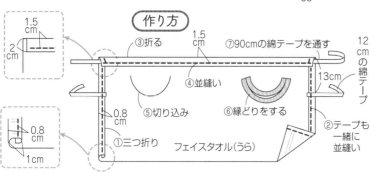

1.5cm
2cm
③折る
1.5cm
⑦90cmの綿テープを通す
④並縫い
⑤切り込み
⑥縁どりをする
①三つ折り
フェイスタオル(うら)
0.8cm
12cmの綿テープ
13cm
②テープも一緒に並縫い
0.8cm
0.8cm
1cm

縁どりの縫い方

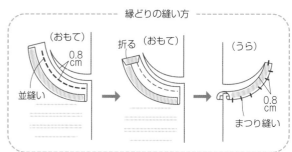

(おもて)　0.8cm
並縫い
折る　(おもて)
(うら)
0.8cm
まつり縫い

49

50

サイズ
70・80

49・50 シャツ

1枚で着ても、ベスト風に重ね
着してもかわいいノースリーブ
のシャツです。No.49 は小さな
ポケットを、No.50 はボタンを
つけてポイントにしました。

作り方 ➡ 60 ページ

59ページ 49・50

49　50

材料		70cmサイズ	80cmサイズ
49 表布（綿ニット）	160cm幅	40cm	40cm
50 表布（ダブルガーゼ）	110cm幅	40cm	40cm
49 別布（タオル地）	10cm幅	10cm	10cm
ナイロンスナップ	直径1cm	2組	2組
50 ボタン	直径1.2cm	3個	3個
バイアステープ（両折タイプ）	1.27cm幅	110cm	115cm
できあがり寸法			
着丈		26.5cm	29cm
バスト		57cm	60cm

型紙について
★実物大の型紙：A面49を使用します。
＊使用するパーツ：前／後ろ／ポケット（No.49のみ）
※型紙と製図に縫い代はついていません。
　裁ち方図の縫い代寸法をつけて布を裁ちます。

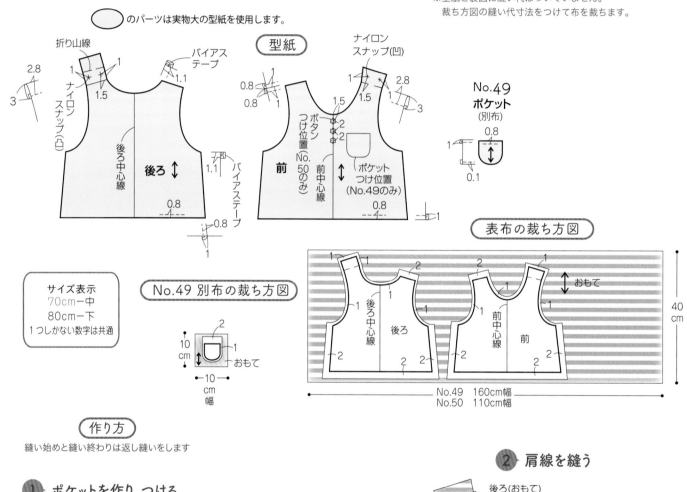

のパーツは実物大の型紙を使用します。

型紙

No.49
ポケット
（別布）

サイズ表示
70cm─中
80cm─下
1つしかない数字は共通

No.49 別布の裁ち方図

表布の裁ち方図

No.49　160cm幅
No.50　110cm幅

作り方
縫い始めと縫い終わりは返し縫いをします

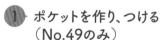

1　ポケットを作り、つける
（No.49のみ）

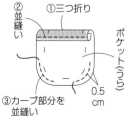

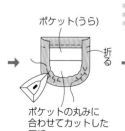

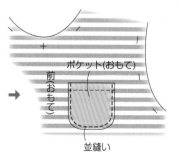

2　肩線を縫う

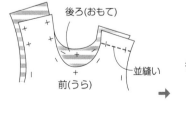

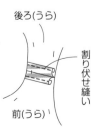

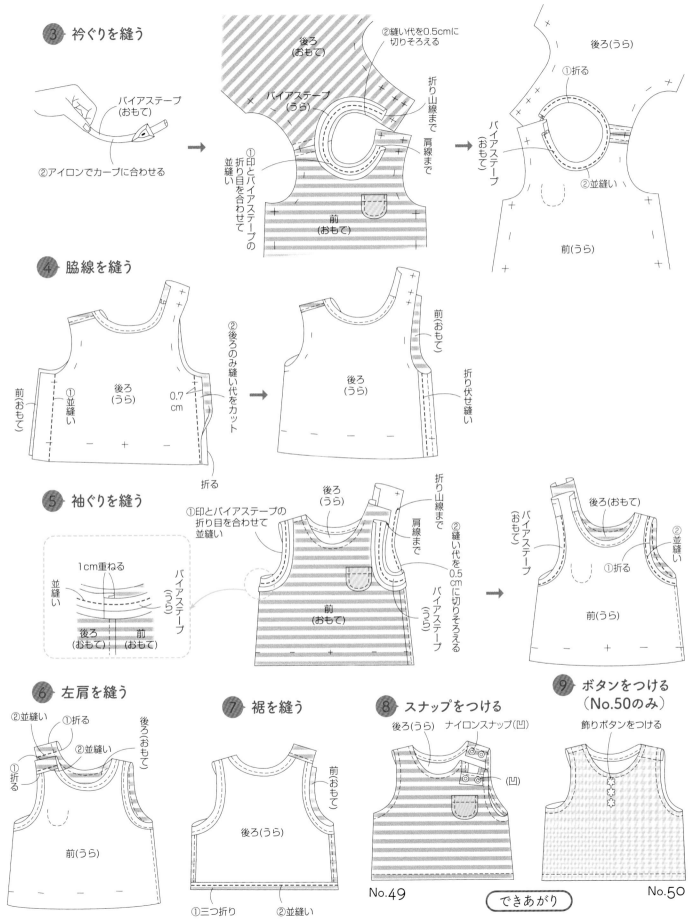

③ 衿ぐりを縫う

バイアステープ（おもて）
②アイロンでカーブに合わせる

後ろ（おもて）
②縫い代を0.5cmに切りそろえる
バイアステープ（うら）
折り山線まで 肩線まで
①印とバイアステープの折り目を合わせて並縫い
前（おもて）

後ろ（うら）
①折る
バイアステープ（おもて）
②並縫い
前（うら）

④ 脇線を縫う

前（おもて）
①並縫い
後ろ（うら）
0.7cm
②後ろのみ縫い代をカット
折る

後ろ（うら）
前（おもて）
折り伏せ縫い

⑤ 袖ぐりを縫う

1cm重ねる
並縫い
バイアステープ（うら）
後ろ（おもて） 前（おもて）

後ろ（うら）
①印とバイアステープの折り目を合わせて並縫い
折り山線まで 肩線まで
②縫い代を0.5cmに切りそろえる
バイアステープ（うら）
前（おもて）

バイアステープ（おもて）
後ろ（おもて）
②並縫い
①折る
前（うら）

⑥ 左肩を縫う

②並縫い ①折る
②並縫い
①折る
後ろ（おもて）
前（うら）

⑦ 裾を縫う

前（おもて）
後ろ（うら）
①三つ折り ②並縫い

⑧ スナップをつける

後ろ（うら） ナイロンスナップ（凹）
（凹）

No.49

⑨ ボタンをつける（No.50のみ）

飾りボタンをつける

できあがり

No.50

オールシーズン活躍する
ジャンパースカート

51

51　ジャンパースカート

カジュアルな雰囲気のデニムのジャンパースカートは、水玉模様のふちどりがポイント。インナー次第で一年中活躍してくれます。

作り方 ➡ 64 ページ

サイズ
60・70・
80

おしゃれな
セットアップ

52 チュニック 🪡
53 ブルマ 🪡

ブルーの縁どりでアクセントを
つけたチュニックとブルマは、
セットにするとおしゃれ感が
アップします。また、どちらか
を無地の布にしたりしても素敵
なので、色々と組み合わせを楽
しんでください。

作り方 ➡ 64 ページ

52

サイズ
チュニック
**60・70・
80**

53

サイズ
ブルマ
**50〜70・
70〜80**

62ページ 51 🧵　**63ページ 52・53** 🧵

52

53

材料(1セット分)		60cmサイズ	70cmサイズ	80cmサイズ
51 表布(コットンリネンデニム)	136cm幅	50cm	60cm	60cm
52・53 表布(ブロードプリント)	110cm幅	80cm	90cm	90cm
バイアステープ(縁どりタイプ)	1.1cm幅	130cm	140cm	140cm
51・52 ボタン	1.1cm幅	2個	2個	2個
53 ゴムテープA	直径1.8cm	40cm	50cm	50cm
53 ゴムテープB	1.5cm幅	50cm	60cm	60cm
できあがり寸法	0.5cm幅			
51 着丈		29.5cm	33.5cm	39.5cm
52 着丈		24cm	24.5cm	27cm
51・52 バスト		53cm	57cm	60cm
53 総丈		17cm	20cm	20cm

型紙について

★実物大の型紙:51・52はA面51を使用します。
　　　　　　　　53はA面43を使用します。

＊使用するパーツ:前／後ろ／見返し
＊スカートの実物大の型紙はついていません。
＊型紙と製図に縫い代はついていません。裁ち方図の縫い代寸法をつけて布を裁ちます。

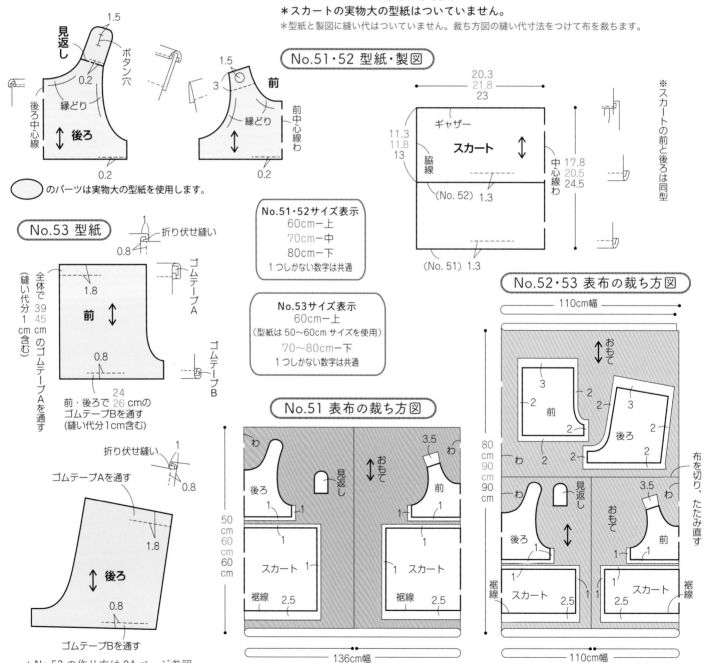

No.51・52 型紙・製図

No.53 型紙

のパーツは実物大の型紙を使用します。

No.51・52サイズ表示
60cm―上
70cm―中
80cm―下
1つしかない数字は共通

No.53サイズ表示
60cm―上
(型紙は50〜60cmサイズを使用)
70〜80cm―下
1つしかない数字は共通

No.52・53 表布の裁ち方図

No.51 表布の裁ち方図

＊No.53の作り方は94ページ参照。

No.51・52 作り方

縫い始めと縫い終わりは返し縫いをします

縫い始める前に
前の肩・見返し・スカートの
脇の布端にジグザグミシン
をかける

① 肩を縫い、見返しをつける

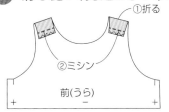

①折る
②ミシン
前(うら)

0.5cm
②ミシン
0.2cm
①後ろに見返しをのせる
見返し(おもて)
後ろ(うら)

② 脇線を縫う

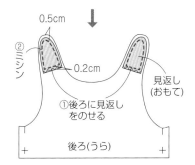

③縫い代をとめる
②縫い代を開く
①ミシン
前(うら)
後ろ(おもて)
④全体で8等分して合印をつける

⑤ スカートをつける

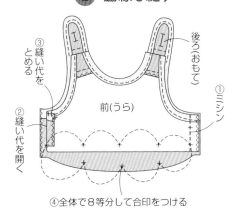

③2枚一緒にジグザグミシン
後ろ(うら)
①合い印を合わせ見頃の寸法までギャザーを寄せる
前スカート(うら)
②ミシン

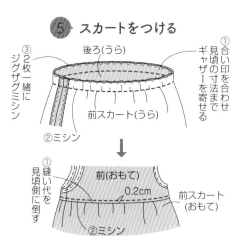

①縫い代を見頃側に倒す
前(おもて)
0.2cm
前スカート(おもて)
②ミシン

② 縁どりをする

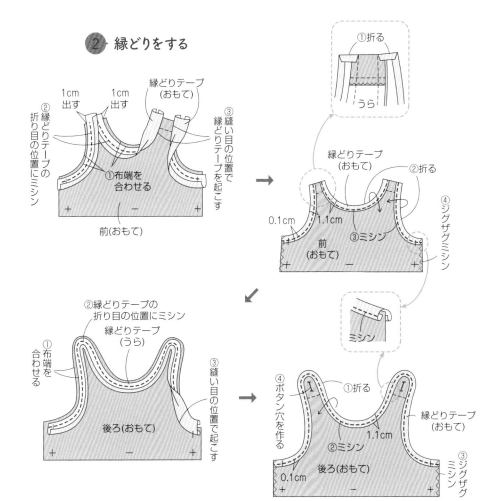

①折る
うら

1cm出す　1cm出す
縁どりテープ(おもて)
②縁どりテープの折り目の位置にミシン
①布端を合わせる
③縫い目の位置で縁どりテープを起こす
前(おもて)

縁どりテープ(おもて)
②折る
0.1cm　1.1cm
③ミシン
前(おもて)
④ジグザグミシン

②縁どりテープの折り目の位置にミシン
縁どりテープ(うら)
①布端を合わせる
③縫い目の位置で起こす
後ろ(おもて)

ミシン

④ボタン穴を作る
①折る
②ミシン
1.1cm
縁どりテープ(おもて)
③ジグザグミシン
後ろ(おもて)
0.1cm

④ スカートを作る

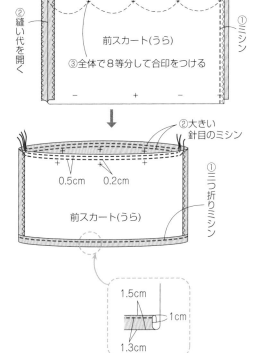

後ろスカート(おもて)
②縫い代を開く
前スカート(うら)
①ミシン
③全体で8等分して合印をつける

②大きい針目のミシン
0.5cm　0.2cm
前スカート(うら)
①三つ折りミシン

1.5cm
1cm
1.3cm

⑥ ボタンをつける

できあがり

ボタンをつける

ブルマつきスカート

サイズ
80・90

54

中にブルマが
ついています。

55

54・55 ブルマつきスカート

ブルマとスカートが一体になった便利アイテムです。スカートは切り替えにボンテンテープやレースをはさんだティアードタイプにしました。

作り方 ➡ 98 ページ

56

57

たくさん作りたい イージーパンツ

56・57 パンツ

脇縫いがないのでかんたんに作れるイージーパンツは、お気に入りの布でたくさん作ってあげたいですね。No.56はベーシックなハーフ丈、No.57は裾にゴムを入れてバルーンシルエットに。

作り方 → 68 ページ

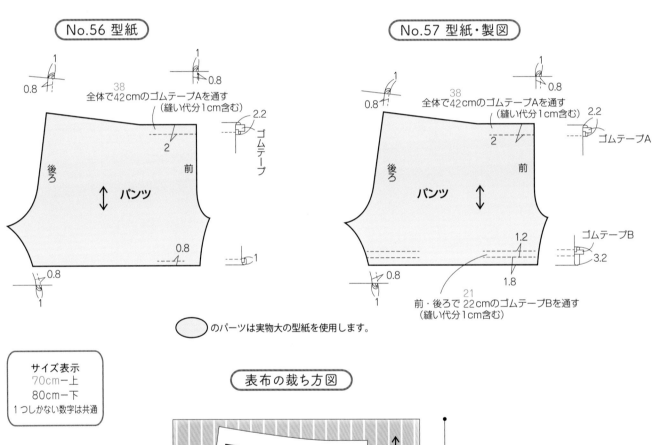

67ページ **56・57** 🖊

材料(1セット分)		70cmサイズ	80cmサイズ
56 表布(ダンガリーストライプ)	110cm幅	40cm	40cm
57 表布(ブロードプリント)	110cm幅	40cm	40cm
ゴムテープA	1.5cm幅	40cm	45cm
57 ゴムテープB	0.7cm幅	45cm	50cm
できあがり寸法			
総丈		24.8cm	27.5cm

型紙について

★ **実物大の型紙：B面56を使用します。**

＊使用するパーツ：パンツ

※型紙と製図に縫い代はついていません。
裁ち方図の縫い代寸法をつけて布を裁ちます。

No.56 型紙

全体で42cmのゴムテープAを通す
（縫い代分1cm含む）

後ろ　パンツ　前

ゴムテープ

No.57 型紙・製図

全体で42cmのゴムテープAを通す
（縫い代分1cm含む）

後ろ　パンツ　前

ゴムテープA

ゴムテープB

前・後ろで22cmのゴムテープBを通す
（縫い代分1cm含む）

◯ のパーツは実物大の型紙を使用します。

サイズ表示
70cm一上
80cm一下
1つしかない数字は共通

表布の裁ち方図

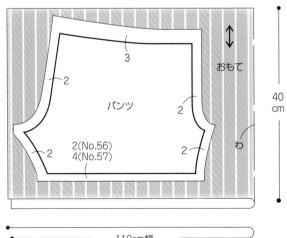

おもて

パンツ

2(No.56)
4(No.57)

わ

40cm

110cm幅

作り方

縫い始めと縫い終わりは返し縫いをします

1 股上線を縫う　※股上の縫い代の倒し方は前と後ろが逆になるようにします。

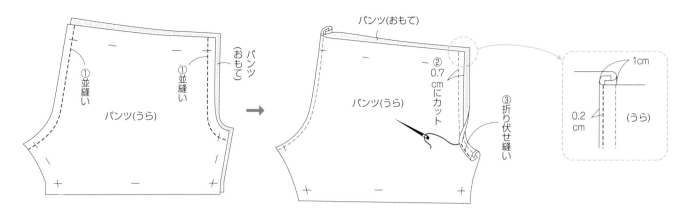

パンツ(おもて)
パンツ(おもて)
①並縫い
①並縫い
パンツ(うら)
②0.7cmにカット
パンツ(うら)
③折り伏せ縫い
1cm
0.2cm
(うら)

2 股下線を縫う

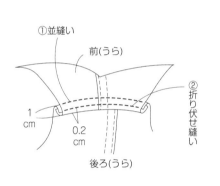

①並縫い
前(うら)
1cm
0.2cm
②折り伏せ縫い
後ろ(うら)

3 裾とウエストを縫う

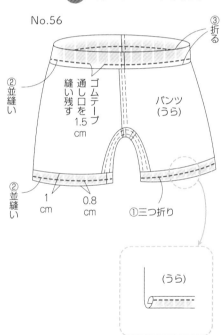

No.56
③折る
②並縫い
ゴムテープ通し口を1.5cm縫い残す
パンツ(うら)
②並縫い
1cm　0.8cm
①三つ折り

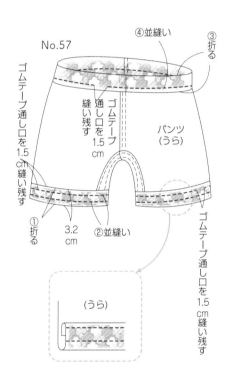

No.57
④並縫い
③折る
ゴムテープ通し口を1.5cm縫い残す
ゴムテープ通し口を1.5cm縫い残す
パンツ(うら)
①折る
3.2cm
②並縫い
ゴムテープ通し口を1.5cm縫い残す
(うら)

4 ゴムテープを通す

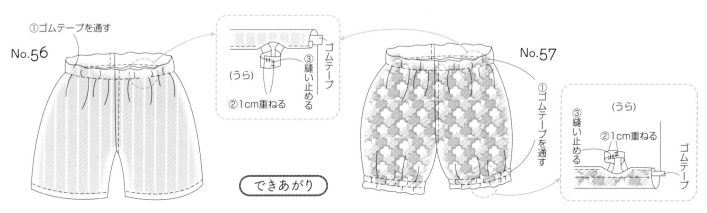

①ゴムテープを通す
No.56
(うら)
②1cm重ねる
③縫い止める
ゴムテープ

No.57
①ゴムテープを通す
(うら)
③縫い止める
②1cm重ねる
ゴムテープ

できあがり

69

おしゃれさんの
ヘアバンド＆チュチュスカート

58

サイズ
頭まわり
48〜50
cm

58 ヘアバンド

59 チュチュスカート

ピンクとクリームの2色のチュールを重ねたふんわりスカートと、おそろいのヘアバンドです。結婚式などお呼ばれにもおすすめ。

作り方 ➡ 71 ページ

59

サイズ
70・80・
90

材料(1セット分)		60cmサイズ	70cmサイズ	80cmサイズ
表布(ブロード)	110cm 幅	60cm	60cm	70cm
別布A(ソフトチュール・ピンク)	188cm 幅	50cm	60cm	60cm
別布B(ソフトチュール・クリーム)	188cm 幅	50cm	60cm	60cm
59 レース(タックレース)	4cm 幅	150cm	150cm	170cm
59 ゴムテープ	2cm 幅	40cm	40cm	50cm
58 ストレッチレース	3.5cm 幅	50cm	50cm	50cm
58 テープ(オーガンジーテープ)	1.5cm 幅	20cm	20cm	20cm
できあがり寸法				
59 総丈		16.5cm	19cm	21.5cm

型紙について

★実物大の型紙:58はA面58を使用します。
59はついていません。

*使用するパーツ:花A／花B／花C／花D
*花の中心とヘアバンドの実物大の型紙はついて
いません。
*実物大の型紙がついていないパーツは自分で製
図をします。
※型紙と製図に縫い代はついていません。
　裁ち方図の縫い代寸法をつけて布を裁ちます。

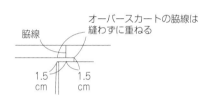

オーバースカートの脇線は
縫わずに重ねる

脇線

1.5cm　1.5cm

※オーバースカートA・B、ヨーク、スカートの
　前と後ろは同型です。

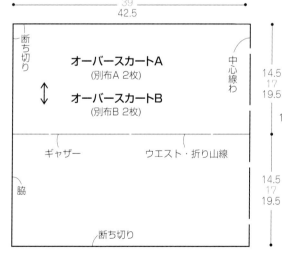

37
39
42.5

オーバースカートA
(別布A 2枚)

オーバースカートB
(別布B 2枚)

中心線わ

断ち切り

ギャザー　ウエスト・折り山線

脇

断ち切り

14.5
17
19.5

1.5 縫い代

14.5
17
19.5

わ

オーバースカートA
オーバースカートA

サイズ表示
60cm―上
70cm―中
80cm―下
1つしかない数字は共通

*次のページに続きます。

No.58 型紙・製図

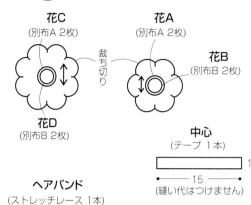

のパーツは実物大の型紙を使用します。

花C
(別布A 2枚)

花A
(別布A 2枚)

花B
(別布B 2枚)

花D
(別布B 2枚)

裁ち切り

中心
(テープ 1本)

1.5

― 15 ―
(縫い代はつけません)

ヘアバンド
(ストレッチレース 1本)

0.2
0.75
折り伏せ縫い

3.5

― 48 ―
(縫い代分3cm含む)

No.59 製図

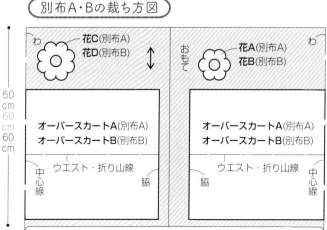

ウエストベルト　(表布 2枚)

36
38
全体で 42 cmのゴムテープを通す
(縫い代分1cm含む)

右脇線　5　折り山線　左脇線

54
56.6
62

0.1

27
28.3
31

脇線
ギャザー
ヨーク
(表布 2枚)
0.1　中心線わ

7
8.5
10

4
5
6

脇線
0.1　3レース

ゴムテープ
別布A
別布B

スカート　(表布 2枚)

34.5
36
39.5

別布A・Bの裁ち方図

わ　花C(別布A)
花D(別布B)

おもて　花A(別布A)
花B(別布B)　わ

50cm
60cm
60cm

オーバースカートA(別布A)
オーバースカートB(別布B)

オーバースカートA(別布A)
オーバースカートB(別布B)

中心線
ウエスト・折り山線　脇

脇　ウエスト・折り山線
中心線

188cm幅

No.59 作り方

縫い始めと縫い終わりは返し縫いをします

縫い始める前に
**スカートとヨークの脇線の
布端にジグザグミシンをかける**

1 スカートとヨークを作る

②縫い代を開く

③全体で上下それぞれ8等分して合印をつける

①ミシン

ヨーク（おもて）

ヨーク（うら）

①縫って、縫い代を開く

⑥大きい針目のミシン

0.2cm　0.5cm

スカート（うら）

①

⑤ミシン

スカート（おもて）

⑦全体で8等分して合印をつける

④縫い代をスカート側に倒す

レース（おもて）

0.1cm

（おもて）

レース（うら）

下側を1cm折る

②ミシン

（おもて）

③2枚一緒にジグザグミシン

2 スカートとヨークを縫い合わせる

③ミシン

②糸を引き、ヨークの寸法に合わせてスカートにギャザーを寄せる

スカート（うら）

ヨーク（うら）

①合印を合わせてまち針でとめる

①2枚一緒にジグザグミシン

スカート（うら）

ヨーク（おもて）

②縫い代をヨーク側に倒す

ヨーク（うら）

ヨーク（おもて）

③ミシン

スカート（おもて）

3 オーバースカートを作る

②3cm重ねる　①二つ折りする　②3cm重ねる

1cm

1cm　③仮止めミシン

オーバースカートA（おもて）

オーバースカートA（おもて）　※オーバースカートBも同様

②オーバースカートAとBを一緒に大きい針目のミシン

0.5cm　0.5cm

①オーバースカートAとBを重ねる

③全体を8等分して合印をつける

オーバースカートB（おもて）

オーバースカートA（おもて）

表布の裁ち方図

110cm幅

おもて

ウエストベルト

右脇線　左脇線

60cm　60cm　70cm

おもて

1.5　ヨーク

布を切ってたたみ直す

ウエスト側

1.5　ヨーク　わ　中心線

脇線

スカート　中心線

脇線

スカート

110cm幅

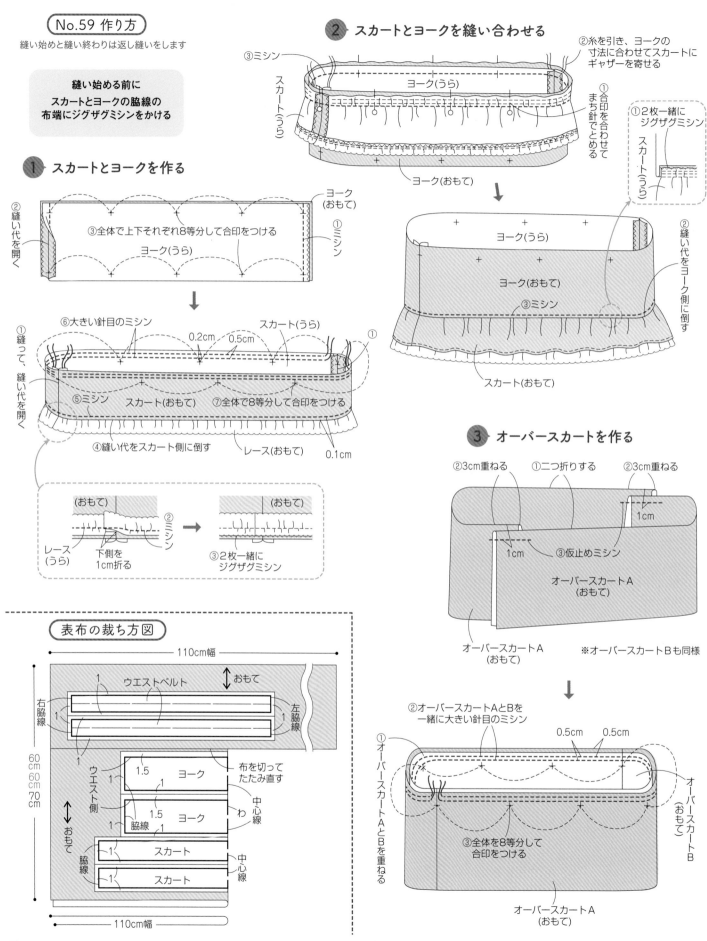

④ ウエストベルトを作り、つけてできあがり

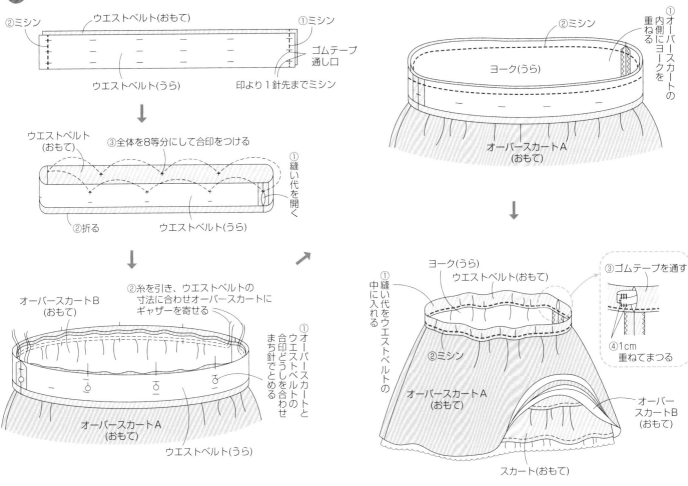

②ミシン　ウエストベルト(おもて)　①ミシン
ゴムテープ通し口
ウエストベルト(うら)　印より1針先までミシン

ウエストベルト(おもて)　③全体を8等分にして合印をつける
①縫い代を開く
②折る　ウエストベルト(うら)

②ミシン　①オーバースカートの内側にヨークを重ねる
ヨーク(うら)
オーバースカートA(おもて)

オーバースカートB(おもて)
②糸を引き、ウエストベルトの寸法に合わせオーバースカートにギャザーを寄せる
①オーバースカートとウエストベルトの合印どうしを合わせまち針でとめる
オーバースカートA(おもて)
ウエストベルト(うら)

①縫い代をウエストベルトの中に入れる
ヨーク(うら)　ウエストベルト(おもて)
②ミシン
オーバースカートA(おもて)
スカート(おもて)
オーバースカートB(おもて)
③ゴムテープを通す
④1cm重ねてまつる

No.58 作り方

① 花を作る

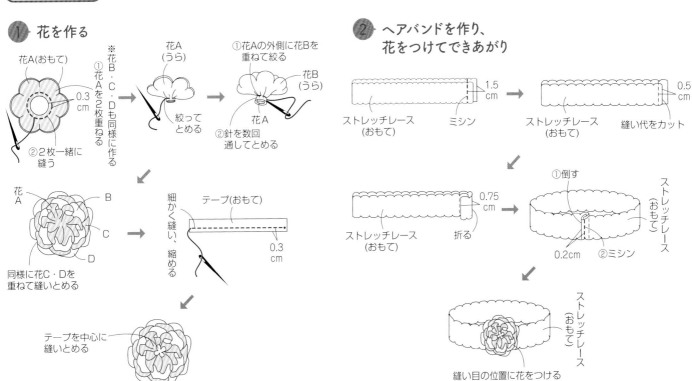

花A(おもて)
0.3cm
②2枚一緒に縫う
※花B・C・Dも同様に作る
①花Aを2枚重ねる

花A(うら)
絞ってとめる

①花Aの外側に花Bを重ねて絞る
花B(うら)
花A
②針を数回通してとめる

花A　B　C　D
同様に花C・Dを重ねて縫いとめる

細かく縫い、縮める
テープ(おもて)
0.3cm

テープを中心に縫いとめる

② ヘアバンドを作り、花をつけてできあがり

ストレッチレース(おもて)　ミシン　1.5cm

ストレッチレース(おもて)　縫い代をカット　0.5cm

ストレッチレース(おもて)　折る　0.75cm

①倒す
ストレッチレース(おもて)
0.2cm　②ミシン

ストレッチレース(おもて)
縫い目の位置に花をつける

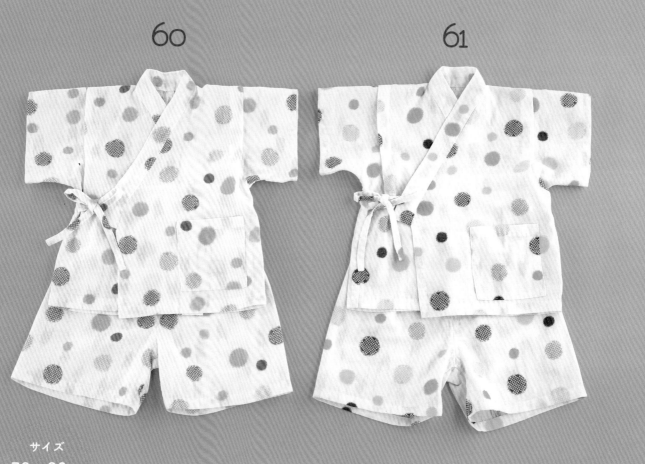

60

61

サイズ
**70・80・
90**

60・61 じんべい

お祭りや花火大会など夏のイベントにオススメのじんべい。手縫いでも作りやすいように、パーツを少なくしました。上着は袖つけなし、パンツは前と後ろがつながっていて脇線を縫わなくてOKです。

作り方 ➡ 100 ページ

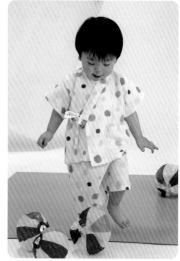

帽子いろいろ

62・63 帽子

ダブルガーゼと綿プリントを組み合わせたリバーシブルで使えるチューリップハットです。たたんで持ち歩けるので、乗り物の中や室内にいる時間が長いお出かけにも便利。

サイズ 頭まわり 48・50・52 cm

作り方 ➡ 103 ページ

62

63

64

64　帽子

クマさんの耳がポイントの、ベビーらしいデザイン。ブリムを折り返すとちょっぴりおしゃれな印象になります。

作り方 ➡ 104 ページ

65　帽子

日差しの強い季節に大活躍してくれる日よけ布つきの1点です。裏布なしで手軽に作れるので、たくさん作ってあげたいですね。

作り方 ➡ 105 ページ

65

66

67

前　後ろ

サイズ
頭まわり
48・50・52
cm

66・67 帽子

カジュアルなボーダー柄のニット地を使った耳あて
つきのウオッチキャップ。耳をすっぽりカバーして
くれるので、風の強い日や寒い日には大助かりです。

作り方 ➡ 78 ページ

77

66

67

材料（1点分）
表布（ボーダーニット）90cm幅50cm
ニットテープ（縁どりタイプ）1.1cm幅60cm・70cm・70cm

❀**できあがり寸法**
頭まわり44・48・52cm

型紙について

★**実物大の型紙：A面66を使用します。**

＊使用するパーツ：クラウン

※型紙に縫い代はついていません。
裁ち方図の縫い代寸法をつけて布を裁ちます。

サイズ表示
頭まわり
44cm―上
48cm―中
52cm―下
1つしかない数字は共通

型紙　◯◯のパーツは実物大の型紙を使用します。

クラウン
（表布 2枚）

ダーツ止まり　ダーツ止まり
前中心線わ　後ろ中心線
縁どり

表布の裁ち方図

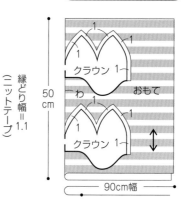

50cm

縁どり幅=1.1（ニットテープ）

クラウン　おもて　わ

90cm幅

作り方
縫い始めと縫い終わりは返し縫いをします

① 後ろ中心を縫う

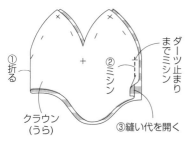

①折る
②ミシン
③縫い代を開く
ダーツ止まりまでミシン
クラウン（うら）

※もう1枚同様に縫う

② ダーツを縫う

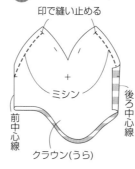

印で縫い止める
ミシン
前中心線
後ろ中心線
クラウン（うら）

①縫い代を開く
②ミシン
③縫い代を開く
前中心
後ろ中心
クラウン（おもて）
※もう一枚も同様に縫う

③ クラウンを縫い合わせる

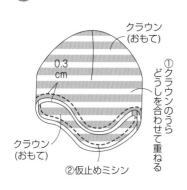

クラウン（おもて）
0.3cm
クラウン（うら）
クラウン（おもて）
①クラウンのうらどうしを合わせて重ねる
②仮止めミシン

④ かぶり口を縫って、できあがり

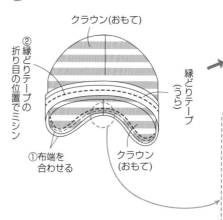

クラウン（おもて）
②縁どりテープの折り目の位置でミシン
縁どりテープ（うら）
①布端を合わせる
クラウン（おもて）

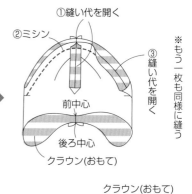

クラウン（おもて）
1.1cm
②折る
①縫い目の位置を縁どりテープを起こす
0.1cm
③ミシン
縁どりテープ（うら）

1cm折って重ねる
後ろ中心線

材料

表布(綿プリント)5cm幅60cm
オーガンジーリボン2.5cm幅300cm
ゴムテープ0.7cm幅50cm
★ゴムテープの長さは、お子さんの頭まわり
　寸法にあわせて、調整してください。
✿できあがり寸法
頭まわり43～50cm用

型紙について

★実物大の型紙：ついていません。

＊自分で製図をします。

※製図に縫い代はついていません。
　すべて1cmの縫い代をつけて布を裁ちます。

製図

長さ45cmのゴムテープを通す

ヘアバンド（表布 1枚）

←→　5

60

※ゴムテープの長さは縫い代分が含まれています。

作り方

縫い始めと縫い終わりは返し縫いをします

① ヘアバンドを作る

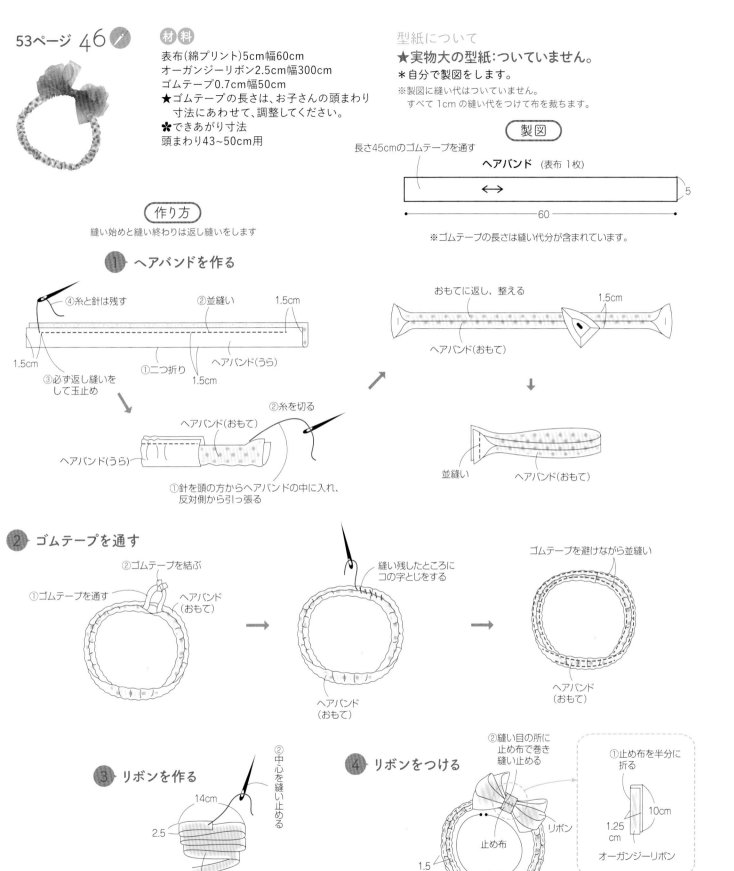

④糸と針は残す
②並縫い
1.5cm
1.5cm
③必ず返し縫いをして玉止め
①二つ折り
1.5cm
ヘアバンド（うら）

②糸を切る
ヘアバンド（おもて）
ヘアバンド（うら）
①針を頭の方からヘアバンドの中に入れ、反対側から引っ張る

おもてに返し、整える
1.5cm
ヘアバンド（おもて）

並縫い
ヘアバンド（おもて）

② ゴムテープを通す

①ゴムテープを通す
②ゴムテープを結ぶ
ヘアバンド（おもて）

縫い残したところにコの字とじをする
ヘアバンド（おもて）

ゴムテープを避けながら並縫い
ヘアバンド（おもて）

③ リボンを作る

②中心を縫い止める
14cm
2.5
①長さ280cmのオーガンジーリボンを降りながら重ねる

④ リボンをつける

②縫い目の所に止め布で巻き縫い止める
リボン
止め布
1.5cm
43cm
ヘアバンド（おもて）

①止め布を半分に折る
10cm
1.25cm
オーガンジーリボン

できあがり

実物大の型紙の使い方

動画でも型紙の使い方を配信中！
https://youtu.be/hfjjEw1qUto

① 作りたい作品が決まったら

作品番号　　実物大の型紙の面

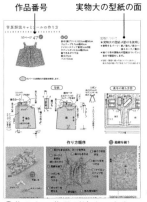

型紙の面
A面

作品番号
線種
枚数

①作りたい作品が決まったら、作り方ページを開きます。型紙がA、Bどの面にあるか確認します。

＊B面はA面のうら面にあります。

②必要なパーツを外枠の表示を見て探します。

＊小物の型紙などは内部に色つきで入っています。

型紙記号　├────→　布目

② 型紙を写しとる

＊見返しなど身頃の中に一緒に入っている場合は、身頃と身返しパーツを別々に写しとります。

＊必要なサイズの線、合印、つけ位置、布目線を写し、名称も忘れずに記入します。

＊1枚ずつ布を切る場合で、わの言葉がある部位は開いて写します。

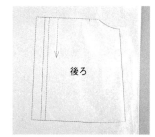

薄紙を写したい型紙の上に重ね、直線は方眼定規で、曲線はカーブ尺を使い、シャープペンシルで写します。

型紙を写し終わった状態

③ 縫い代をつける

写した型紙に縫い代をつけます。

＊各パーツの縫い代は「布の裁ち方図」を参考につけてください。

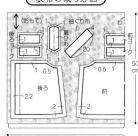

縫い代をつけ終わった状態

④ 型紙を切る

型紙を紙切りはさみで外側の線に沿って切ります。

切り終わった状態

⑤ 布にアイロンをかける

布目はタテ・ヨコ方向にアイロンで整えます。布目のゆがみが大きい場合は布目を斜めに引っぱり、アイロンで整えます。

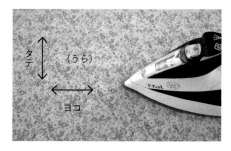

⑥ 布を切る

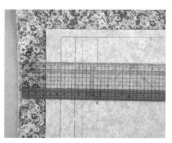

①布の裁ち方図を参考に、布の上に切った型紙を置いて、まち針で止めます。この時、型紙の布目と布の縦方向を合わせます。

②布切りはさみで型紙の縫い代線に沿って布を切ります。

⑦ 印をつける

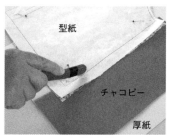

厚紙を下敷きにして、布の間に両面チャコピーをはさんで、できあがり線をソフトルレットでなぞり、印をつけます。

印をつけ終わった状態

材料
A布(ボーダー柄の綿レース地)130cm幅150cm
レース1cm幅65cm
バイアステープ(サテン・両折りタイプ)1.27cm幅40cm
サテンリボン1cm幅1m20cm
丸ゴム太さ0.3cm長さ10cm
パールボタン直径1cm1個

✿できあがり寸法
着丈　約34cm

型紙について
★実物大の型紙:B面7を使用します。

＊使用するパーツ:ケープ
※型紙と製図に縫い代はついていません。
　裁ち方図の縫い代寸法をつけて布を裁ちます。

衿ぐり縁どり
(バイアステープ)
1.27
34
折り山線

型紙・製図

のパーツは実物大の型紙を使用します。

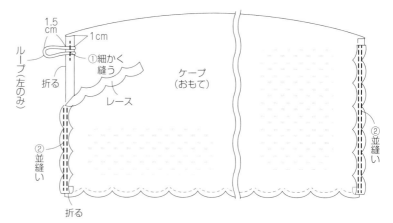

全体で34cmまでギャザーを寄せる
縁どり
0.6
リボンつけ位置
3
ループ(丸ゴム)
後ろ中心線わ
ケープ(A布 1枚)
スカラップ
レースつけ位置

A布の裁ち方図

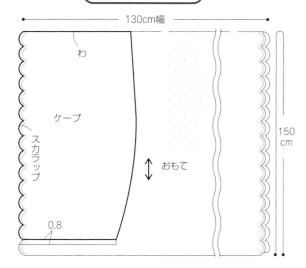

130cm幅
わ
ケープ
スカラップ
おもて
150cm
0.8

作り方

1　前端を縫う

1.5cm
1cm
ループ(左のみ)
折る
①細かく縫う
レース
ケープ(おもて)
②並縫い
②並縫い
折る

2　ギャザーを寄せ、縁どりをする

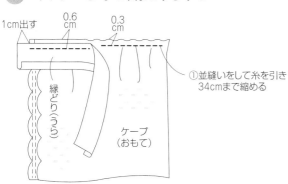

1cm出す
0.6cm
0.3cm
①並縫いをして糸を引き34cmまで縮める
縁どり(うら)
ケープ(おもて)

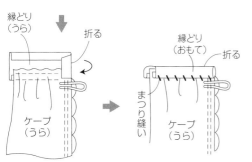

縁どり(うら)
折る
ケープ(うら)
縁どり(おもて)
折る
まつり縫い
ケープ(うら)

3　リボンをつける

②ボタンをつける
1.2cm
並縫い
①60cmのサテンリボンをつける

できあがり

斜めにカットする

12ページ 5

材料
表布(綿からみ織り)110cm幅100cm
チュールレース7.5cm幅310cm
バイアステープ(サテン・両折りタイプ)1.27cm幅170cm
サテンリボン0.3cm幅20cm
スナップ直径0.7cm幅7組
ゴムテープ0.5cm幅60cm

❀できあがり寸法
着丈55cm　バスト62cm

型紙について

★実物大の型紙:B面5を使用します。

＊使用するパーツ:前/後ろ/袖/前・後ろスカート

※型紙と製図に縫い代はついていません。
　裁ち方図の縫い代寸法、または□囲みの寸法をつけて
　布を裁ちます。

型紙・製図

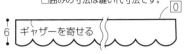

のパーツは実物大の型紙を使用します。

レースA
（チュールレース）
□囲みの寸法は縫い代寸法です。

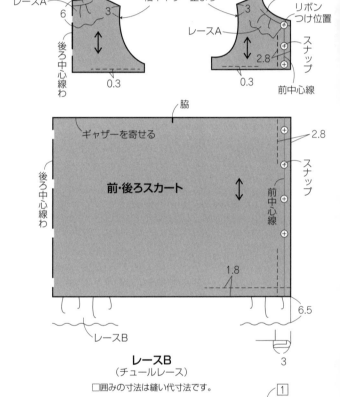

表布の裁ち方図

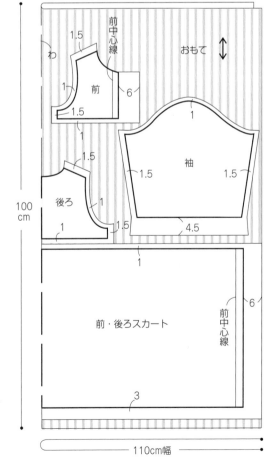

100cm

110cm幅

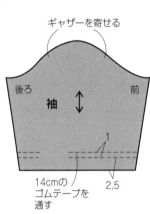

レースB
（チュールレース）
□囲みの寸法は縫い代寸法です。

作り方

① 脇線を縫う

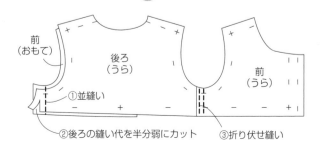

前（おもて）　後ろ（うら）　前（うら）

①並縫い
②後ろの縫い代を半分弱にカット
③折り伏せ縫い

② ギャザーを寄せ、裾線を縫う

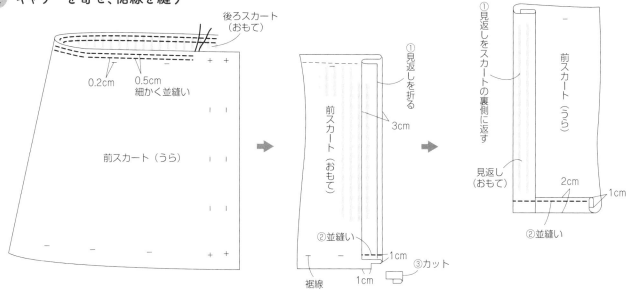

0.2cm
0.5cm
細かく並縫い

後ろスカート（おもて）

前スカート（うら）

① 見返しを折る

前スカート（おもて）

3cm

② 並縫い

裾線

1cm

1cm

③ カット

① 見返しをスカートの裏側に返す

前スカート（うら）

見返し（おもて）

2cm

1cm

② 並縫い

③ 身頃とスカートを縫い、バイアステープで縫い代をくるむ

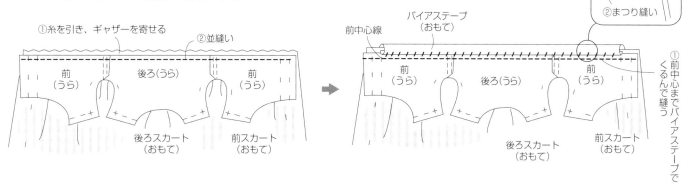

① 糸を引き、ギャザーを寄せる

② 並縫い

前（うら）

後ろ（うら）

前（うら）

後ろスカート（おもて）

前スカート（おもて）

前中心線

バイアステープ（おもて）

② まつり縫い

① 前中心までバイアステープでくるんで縫う

後ろスカート（おもて）

前スカート（おもて）

④ 肩線・見返しを縫う

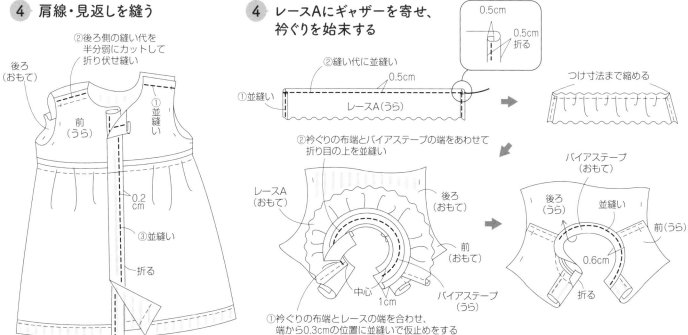

後ろ（おもて）

② 後ろ側の縫い代を半分弱にカットして折り伏せ縫い

前（うら）

① 並縫い

0.2cm

③ 並縫い

折る

④ レースAにギャザーを寄せ、衿ぐりを始末する

② 縫い代に並縫い

0.5cm

① 並縫い

レースA（うら）

0.5cm

0.5cm
折る

つけ寸法まで縮める

② 衿ぐりの布端とバイアステープの端をあわせて折り目の上を並縫い

レースA（おもて）

後ろ（おもて）

前（おもて）

中心

1cm

バイアステープ（うら）

① 衿ぐりの布端とレースの端を合わせ、端から0.3cmの位置に並縫いで仮止めをする

バイアステープ（おもて）

後ろ（うら）

並縫い

前（うら）

0.6cm

折る

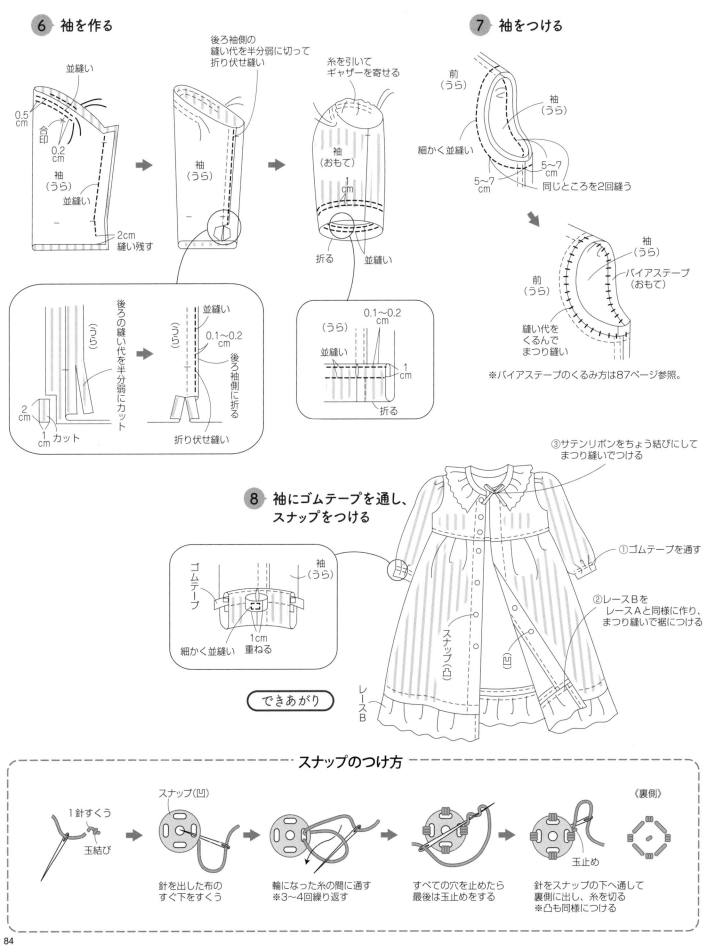

6 袖を作る

並縫い

0.5cm

合印

0.2cm

袖（うら）

並縫い

2cm 縫い残す

後ろ袖側の縫い代を半分弱に切って折り伏せ縫い

袖（うら）

糸を引いてギャザーを寄せる

袖（おもて）

1cm

折る　並縫い

後ろの縫い代を半分弱にカット

（うら）

並縫い

0.1〜0.2cm

後ろ袖側に折る

2cm

1cm カット

（うら）

折り伏せ縫い

（うら）

並縫い

0.1〜0.2cm

1cm

折る

7 袖をつける

前（うら）

袖（うら）

細かく並縫い

5〜7cm

5〜7cm

同じところを2回縫う

前（うら）

袖（うら）

バイアステープ（おもて）

縫い代をくるんでまつり縫い

※バイアステープのくるみ方は87ページ参照。

8 袖にゴムテープを通し、スナップをつける

ゴムテープ

袖（うら）

1cm 重ねる

細かく並縫い

③サテンリボンをちょう結びにしてまつり縫いでつける

①ゴムテープを通す

②レースBをレースAと同様に作り、まつり縫いで裾につける

スナップ（凸）

（凹）

レースB

できあがり

スナップのつけ方

1針すくう

玉結び

スナップ（凹）

針を出した布のすぐ下をすくう

輪になった糸の間に通す
※3〜4回繰り返す

すべての穴を止めたら最後は玉止めをする

玉止め

針をスナップの下へ通して裏側に出し、糸を切る
※凸も同様につける

〈裏側〉

材料

A布(ボーダー柄の綿レース地)55cm幅20cm
B布(綿からみ織り)55cm幅20cm
接着キルト芯55cm幅20cm
レースA(チュールレース)7cm幅1m20cm
レースB(チュールレース)2cm幅40cm
サテンリボン1cm幅70cm

✽できあがり寸法
顔まわり　約34cm

型紙について
★実物大の型紙:
B面6を使用します。

*使用するパーツ:
　トップクラウン／サイドクラウン

※型紙に縫い代はついていません。
　裁ち方図の縫い代寸法をつけて布を裁ちます。

のパーツは実物大の型紙を使用します。

A布・B布の裁ち方図

表サイドクラウン(A布 1枚)
裏サイドクラウン(B布 1枚)
表トップクラウン(A布 1枚)
裏トップクラウン(B布 1枚)
20cm
わ
1
1
おもて
55cm幅

型紙

サイドクラウン
(A布・B布・キルト芯　各1枚)
わ　3.5　5
レースB
ギャザーを寄せる
合印
レースA
ひもつけ位置(サテンリボン 35cm)

トップクラウン
(A布・B布・キルト芯　各1枚)
わ　合印

作り方

1 A布に接着キルト芯を貼る

裏サイドクラウン(うら)
キルト芯(おもて)
ザラザラした面
裏トップクラウン(うら)
キルト芯(おもて)

2 レースAを作り、サイドクラウンを縫う

長さ60cmのレースAを2枚重ねる
端は自然に合わせる
レースA(おもて)
1.5cmずらす
5.3cm　0.5cm
糸を残す
2枚一緒に並縫い

レースA(おもて)
①糸を引く
34cmまで縮める
②縫い代1cmを残して切る

①レースAをあらい並縫いで縫い代に仮止め
レースA(うら)
表サイドクラウン(おもて)
裏サイドクラウン(うら)
②並縫い

レースA(おもて)
①おもてに返す
②下の布まで並縫い
レースB(うら)
折る
表サイドクラウン(おもて)
0.3cm
③2枚一緒に並縫いをして糸を引きギャザーを寄せる

3 サイドクラウンとトップクラウンを縫い合わせる

並縫い
表トップクラウン(うら)
裏サイドクラウン(おもて)

裏トップクラウン(おもて)
①できあがりに折り、表トップクラウンに重ねる
②まつり縫い

裏サイドクラウン(おもて)
表トップクラウン(うら)
折る

4 サテンリボンをつける

0.8cm
並縫い
35cmのサテンリボンをつける
斜めにカット

できあがり

11ページ4

材料

表布(ダブルガーゼ)110cm幅120cm
バイアステープ(縁どりタイプ)1.1cm幅40cm
ナイロンスナップ直径1cm幅8組
ゴムテープ0.5cm幅30cm

❀できあがり寸法
着丈48.5cm　バスト73cm　ゆき丈48.5cm

型紙について
★実物大の型紙:A面4を使用します。
＊使用するパーツ：前／後ろ
＊衿ぐり布とリボンA・Bの実物大の型紙は
　ついていません。自分で製図をします。

※型紙と製図に縫い代はついていません。
　裁ち方図の縫い代寸法をつけて布を裁ちます。

表布の裁ち方

型紙・製図

のパーツは実物大の型紙を使用します。

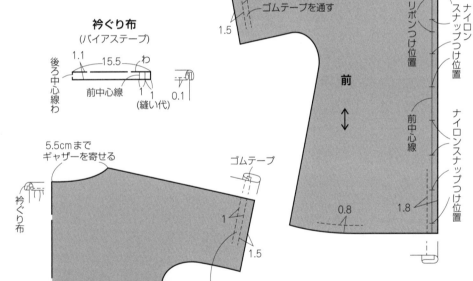

衿ぐり布
(バイアステープ)

リボンA　リボンB

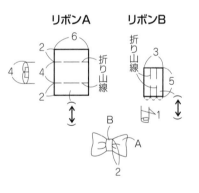

作り方
縫い始めと縫い終わりは返し縫いをします
※手縫いの場合は「ミシン」を「並縫い」にします

1 リボンを作る

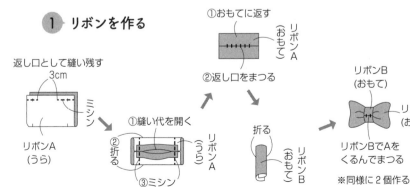

※同様に2個作る

2 肩線を折り伏せ縫いする

前(うら)
③折る
1cm
②0.7cmに後ろの縫い代をカット
①ミシン
後ろ(おもて)

前(おもて)
0.3cm
0.5cm
ギャザー止まり
①後ろ側に倒す
0.2cm
③大きい針目のミシン
②ミシン
後ろ(おもて)

3 脇線を袋縫いする

前(うら)
②カーブに切り込み
④ミシン
1cm
後ろ(おもて)
前(うら)
③うらに返す
①ミシン
0.5cm
⑤縫い代を後ろ側に倒す

4 袖口・裾・前端を縫う

3cm
1cm
1.5cm
1cm

2cm
2cm
後ろ(うら)
②ミシン
1.5cm
①三つ折り
1ヶ所縫い残す
⑨縫い残した所にミシン
⑤三つ折り
⑥ミシン
0.2cm
前(おもて)
1cm
1cm
③三つ折り
④ミシン
0.8cm

⑧1cm重ねて縫いとめる
⑦縫い残した部分からゴムテープを残す

5 衿ぐりを縫う

①糸を引き、衿ぐり布の寸法まで身頃にギャザーを寄せる
②布端を合わせる
後ろ(うら)
③バイアステープの折り目の位置にミシン
バイアステープ(おもて)
④縫い目の位置でバイアステープを起こす
1cm出す
前(うら)

後ろ(おもて)
バイアステープ(おもて)
1.1cm
②折る
0.1cm
前(おもて)
①1cm折る
③ミシン
前(おもて)

6 ナイロンスナップ・リボンをつけて、できあがり

②リボンをつける
(凹)
(凸)
①ナイロンスナップをつける

28ページ 12～14

13

12

14

12 材料 (クマ)

表布(綿スムースニット)30cm幅15cm
フェルト(クリーム)20cm幅10cm
25番刺しゅう糸(こげ茶・茶・紫)
プラ鈴1個
手芸わた　約15g
✿できあがり寸法
タテ約10.5cm　ヨコ約11.5cm

13 材料 (ネコ)

表布(綿スムースニット)30cm幅15cm
フェルト(クリーム)20cm幅10cm
25番刺しゅう糸(こげ茶・水色・青)
プラ鈴1個
手芸わた　約15g
✿できあがり寸法
タテ約10.5cm　ヨコ約11.5cm

14 材料 (ドーナツ)

表布(綿スムースニット)30cm幅15cm
フェルト(ピンク)20cm幅10cm
25番刺しゅう糸(こげ茶・茶)
プラ鈴1個
手芸わた　約15g
✿できあがり寸法
タテ約11cm　ヨコ約10cm

型紙について
★実物大の型紙:106ページ

＊使用するパーツ：12・13 本体／頭／耳
　　　　　　　　14 本体／クリーム
※型紙に縫い代はついていません。
　フェルトはすべて縫い代をつけずに裁ちます。
　表布は裁ち方図の縫い代寸法をつけて布を裁ちます。
※刺しゅうの刺し方は91ページ。

No.12・13

耳
(フェルト 各2枚)　No.12　No.13

頭
(フェルト 2枚)
A　A
B　B

本体
(表布 2枚)
A
B
わ

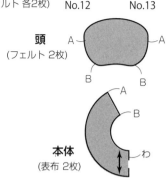

型紙　〇〇のパーツは実物大の型紙を使用します。

No.14

クリーム
(フェルト 2枚)
A　A
B　B

本体
(表布 2枚)
A
B
わ

作り方

1 頭と耳を縫い合わせる

頭
(おもて)
刺しゅうをする
※1枚のみ

ブランケットS
(25番刺しゅう糸2本どり)
耳
※No.12クマの耳は
合わせる前に
刺しゅうをする。

まつり縫い
A
耳をはさむ
A

2 本体を縫う

本体
(おもて)
②切り込み
本体
(うら)
①細かく並縫い
わたの入れ口を縫い残す

本体
(おもて)
おもてに返す

3 頭と本体を縫う

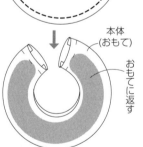

A　A
頭と本体をかがる
B　B
本体
(おもて)

No.12～14 表布の裁ち方図

0.4
わ
本体
おもて
15cm
わの位置で型紙を裏返して配置する
30cm幅

後ろも続けてかがる

4 プラ鈴とわたを入れ、まつる

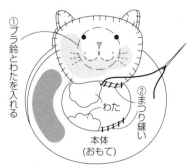

①プラ鈴とわたを入れる
わた
②まつり縫い
本体
(おもて)

5 飾りの刺しゅうをする

No.13 (ネコ)

ランニングS

No.12 (クマ)

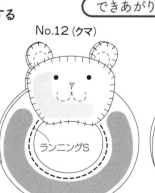

ランニングS

できあがり

ブリオンS
(25番刺しゅう糸 こげ茶・茶 2本どり)
片面各35個
バランス良く刺す

No.14
(ドーナツ)

15

16

15 材料（ウサギ）
A布（パイル）20cm幅10cm
B布（綿スムースニット）10cm幅10cm
25番刺しゅう糸（こげ茶）
プラ鈴　1個
手芸わた　約15g
❀できあがり寸法
タテ約10.5cm

16 材料（クマ）
A布（パイル）20cm幅10cm
B布（綿スムースニット）10cm幅10cm
25番刺しゅう糸（こげ茶）
プラ鈴　1個
手芸わた　約15g
❀できあがり寸法
タテ約9.5cm

型紙について
★実物大の型紙：106ページ
＊使用するパーツ：頭／胴体

※型紙に縫い代はついていません。
裁ち方図の縫い代寸法をつけて布を裁ちます。

型紙

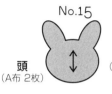

No.15
頭
（A布 2枚）

No.16
頭
（A布 2枚）

胴体
（B布 1枚）

胴体
（B布 1枚）

 のパーツは実物大の型紙を使用します。

No.15 A布の裁ち方図
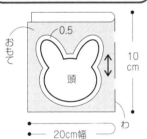
おもて
0.5
頭
10cm
わ
20cm幅

No.16 A布の裁ち方図
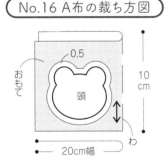
おもて
0.5
頭
10cm
わ
20cm幅

No.15・16 B布の裁ち方図
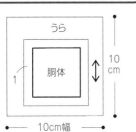
うら
胴体
10cm
1
10cm幅

作り方

1 片側半分に顔の刺しゅうをしてから裁断する

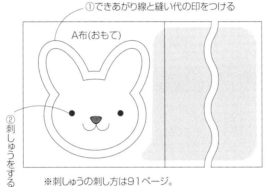
①できあがり線と縫い代の印をつける
A布（おもて）
②刺しゅうをする
※刺しゅうの刺し方は91ページ。

2 返し口を残してまわりを縫う

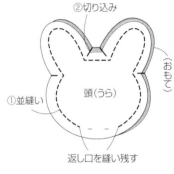
②切り込み
①並縫い
頭（うら）
おもて
返し口を縫い残す

3 わたを入れ、頭を作る

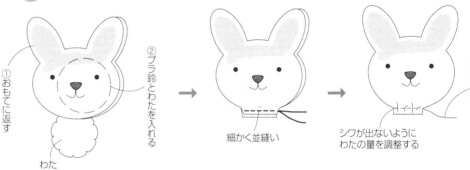
①おもてに返す
②プラ鈴とわたを入れる
わた
細かく並縫い
糸を引き、絞る
シワが出ないようにわたの量を調整する

4 胴体を作り、頭をつけてできあがり

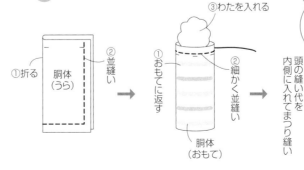
①折る
②並縫い
胴体（うら）
①おもてに返す
②細かく並縫い
③わたを入れる
胴体（おもて）
頭の縫い代を内側に入れてまつり縫い

No. 15

できあがり
No.16

36ページ 24

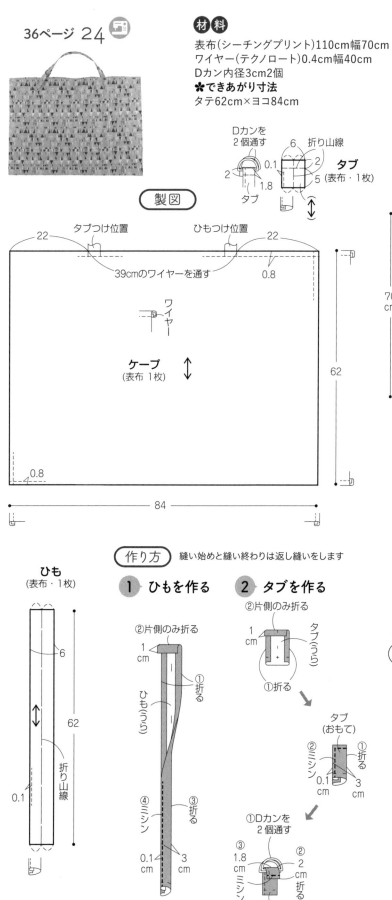

材料
表布(シーチングプリント)110cm幅70cm
ワイヤー(テクノロート)0.4cm幅40cm
Dカン内径3cm2個
✿できあがり寸法
タテ62cm×ヨコ84cm

型紙について
★実物大の型紙:ついていません。
＊自分で製図をします。
※製図に縫い代はついていません。
　裁ち方図の縫い代寸法をつけて布を裁ちます。
※テクノロートは手芸店で購入できるプラスチック製のワイヤーです。

Dカンを
2個通す
6 折り山線
タブ
(表布・1枚)
2
0.1
2
1.8
タブ
5

表布の裁ち方図

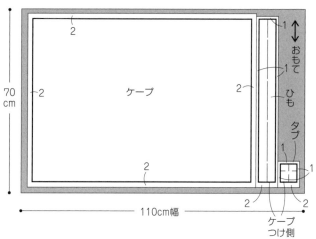

おもて
ひも
タブ
ケープ
ケープ
つけ側
70cm
110cm幅
1
2

製図

22　タブつけ位置　　ひもつけ位置　　22
39cmのワイヤーを通す
0.8
ワイヤ

ケープ
(表布 1枚)
62
0.8
84

3 まわりを縫って、できあがり

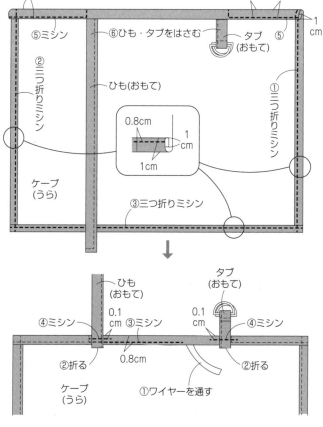

④三つ折り
⑤ミシン
②三つ折りミシン
⑥ひも・タブをはさむ
タブ
(おもて)
⑤
0.8cm 1cm
1cm
ひも(おもて)
①三つ折りミシン
0.8cm
1cm
1cm
ケープ
(うら)
③三つ折りミシン

ひも
(おもて)
タブ
(おもて)
④ミシン
0.1cm ③ミシン
0.1cm ③ミシン
④ミシン
②折る
0.8cm
②折る
①ワイヤーを通す
ケープ
(うら)

作り方 縫い始めと縫い終わりは返し縫いをします

ひも
(表布・1枚)

6
62
0.1
折り山線

1 **ひもを作る**

②片側のみ折る
1cm
①折る
ひも(うら)
④ミシン
③折る
0.1cm 3cm

2 **タブを作る**

②片側のみ折る
1cm
タブ(うら)
①折る
タブ
(おもて)
②ミシン
①折る
0.1cm 3cm
①Dカンを
2個通す
③
1.8cm
ミシン
②
2cm
折る
タブ
(おもて)

36ページ 25

材料

表布（ハンドタオル）34cm×34cm1枚
ファスナー26cm1本

❀**できあがり寸法**
タテ12cm×ヨコ27cm×マチ5.5cm

型紙について

★**実物大の型紙：ついていません。**

＊自分で製図をします。

※製図に縫い代はついていません。
　裁ち方図の縫い代寸法をつけて布を裁ちます。

製 図

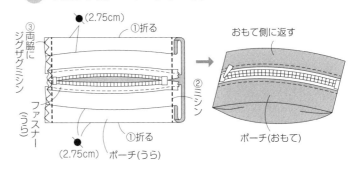

表布の裁ち方図

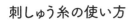

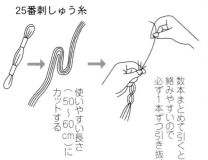

作り方

縫い始めと縫い終わりは返し縫いをします

1 ファスナーをつける

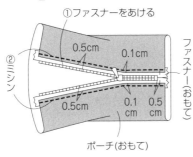

2 両脇を縫って、できあがり。

刺しゅうの刺し方

刺しゅう糸の使い方

25番刺しゅう糸

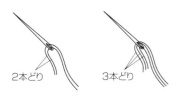

○本どりとは・・・

1本ずつ引き抜いた糸を
数本まとめて針に通して使います。

サテンステッチ

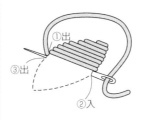

ランニングステッチ

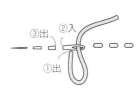

ロング＆ショートステッチ

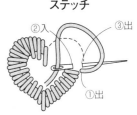

ステレートステッチ

ブランケットステッチ

アウトラインステッチ

バックステッチ

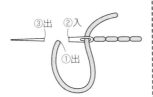

ブリオンステッチ

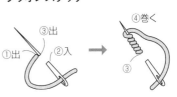

47ページ 38・39

38　　39

材料(1点分)

表布(パイル地)60cm幅30cm
中布(ダブルガーゼ)30cm幅30cm
39別布(スムース)30cm幅10cm
38アイロン接着フェルト(白)18cm×10cm1枚
アイロン接着フェルト(黒)少々
1cm幅のゴムテープ30cm
25番刺しゅう糸(ピンク・黒・茶)適宜

❀できあがり寸法
首まわり約34cm

型紙について
★実物大の型紙・図案:110・111ページに掲載。
＊使用するパーツ:スタイ／顔／前耳(38)／後ろ耳(38)／耳(39)
＊ひもの実物大の型紙はついていません。
　自分で製図をします。
＊ゴムテープの長さは、お子様に合わせて調整してください。
※型紙と製図に縫い代はついていません。
　裁ち方図の縫い代寸法をつけて布を裁ちます。
　アイロン接着フェルトは縫い代をつけずに裁ちます。
※顔と耳はバランス良くつけます。

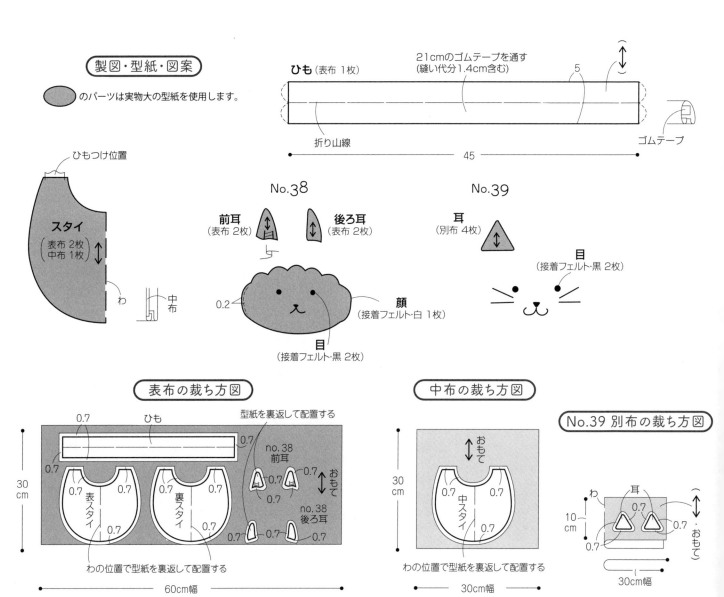

作り方

縫い始めと縫い終わりは返し縫いをします
※手縫いの場合は「ミシン」を「並縫い」にします

1 耳を作る

No.38
前耳（おもて）
0.3cm
タックをたたんでミシン

↓

返し口として縫い残す
前耳（おもて）
2cm
ミシン
後ろ耳（うら）

↓

①おもてに返す
②返し口をまつる
前耳（おもて）

No.39
耳（おもて）
ミシン
耳（うら）
2.5cm
返し口として
縫い残す

↓

①おもてに返す
（おもて）耳
②返し口をまつる

2 顔を作る ※刺しゅうの刺し方は91ページ。

No.38
①手縫いでつける
前耳（おもて）
表スタイ（おもて）
顔（おもて）
②接着フェルト（白）をアイロンで接着する
③ミシン
④接着フェルト（黒）をアイロンで接着する
⑤刺しゅうをする

No.39
①手縫いでつける
耳（おもて）
表スタイ（おもて）
③刺しゅうをする
②接着フェルト（黒）をアイロンで接着する

3 ひもを作る

①折り山線で折る
ひも（うら）
②ミシン

→

①おもてに返す
0.3cm
③仮止めミシン
ひも（おもて）
③仮止めミシン
②ゴムテープを通す

4 ひもを裏スタイにつける

0.3cm
仮止めミシン
ひも（おもて）
裏スタイ（おもて）

5 表スタイに中布をつける

表スタイ（おもて）
ミシン
仮止め
中スタイ（うら）
0.3cm

6 まわりを縫う

②カーブに切り込み
③角の縫い代をカット
表スタイ（おもて）
裏スタイ（うら）
④ミシン目の位置で縫い代を内側に倒す
①ミシン
0.5cm
7cm縫い残す（返し口）

7 おもてに返し、返し口をまつり縫い

No.38
①返し口からおもてに返す
②返し口をまつる
表スタイ（おもて）

No.39
①返し口からおもてに返す
②返し口をまつる
表スタイ（おもて）

できあがり

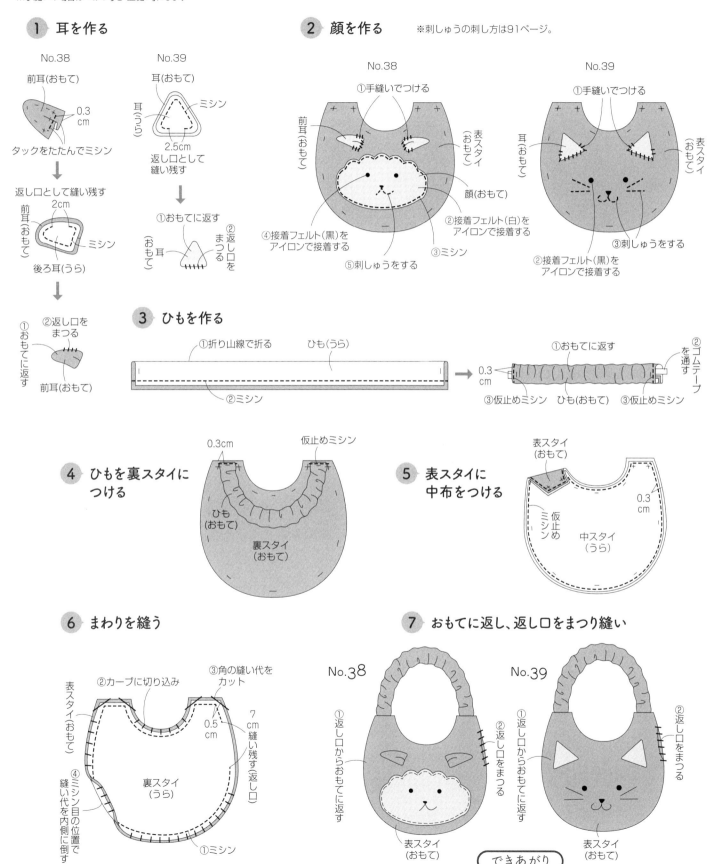

材料		50〜60cm サイズ	70〜80cm サイズ
表布(リラックスガーゼ無地)	110cm 幅	40cm	**40cm**
別布(ギンガムチェック)	90cm 幅	20cm	**20cm**
ゴムテープA	1.5cm 幅	40cm	**50cm**
ゴムテープB	0.5cm 幅	50cm	**60cm**
できあがり寸法			
総丈		17cm	**20cm**

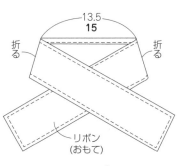

★実物大の型紙:A面43を使用します。

＊使用するパーツ:前／後ろ
＊リボンと止め布の実物大の型紙はついていません。
　自分で製図をします。
※型紙と製図に縫い代はついていません。
　裁ち方図の縫い代寸法をつけて布を裁ちます。

サイズ表示
50〜60cm－上
70〜80cm－下
1つしかない数字は共通

型紙・製図

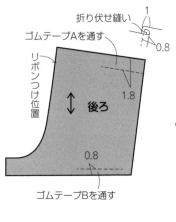

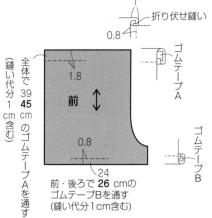

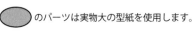

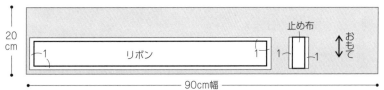

のパーツは実物大の型紙を使用します。

別布の裁ち方図

表布の裁ち方図

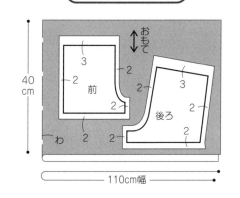

作り方

縫い始めと縫い終わりは返し縫いをします

1 股上線を
折り伏せ縫いする

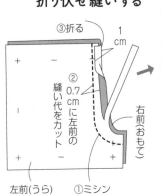

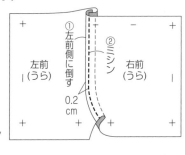

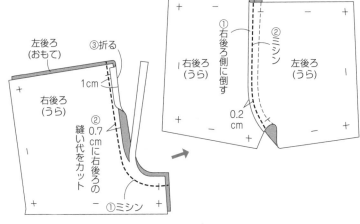

2 股下線を折り伏せ縫いする

3 脇線を折り伏せ縫いする

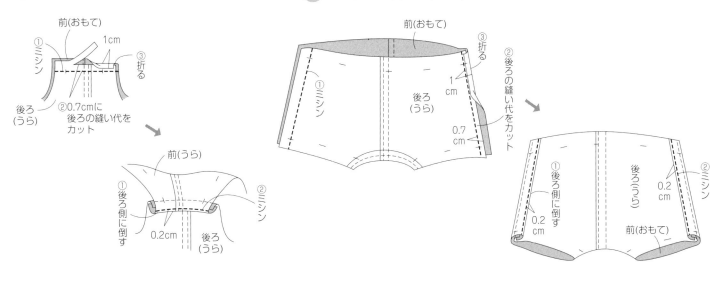

4 ウエストと裾を縫う

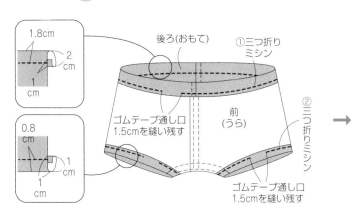

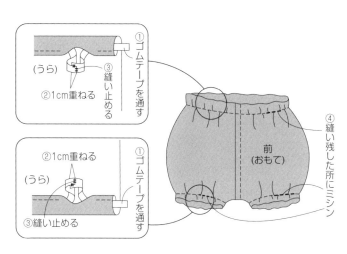

5 リボンを作る

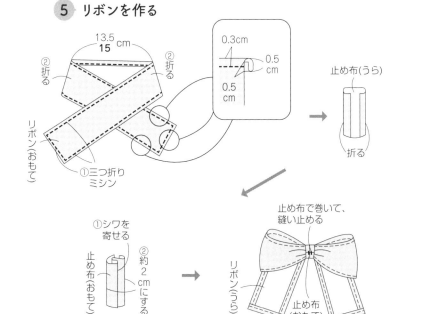

6 リボンをつける

できあがり

材料		50～60cmサイズ	70～80cmサイズ
表布(ギンガムチェック)	90cm 幅	70cm	70cm
ゴムテープA	1.5cm 幅	40cm	50cm
ゴムテープB	0.5cm 幅	50cm	60cm
できあがり寸法			
総丈		17cm	20cm

★実物大の型紙:A面43を使用します。

＊使用するパーツ：前／後ろ
＊フリル A・B の実物大の型紙はついていません。
　自分で製図をします。
※型紙と製図に縫い代はついていません。
　裁ち方図の縫い寸法をつけて布を裁ちます

型紙・製図　　　⬭のパーツは実物大の型紙を使用します。

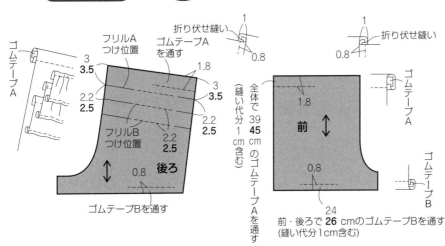

表布の裁ち方図

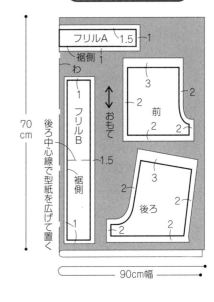

フリルA

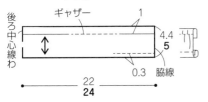

フリルB (2枚)

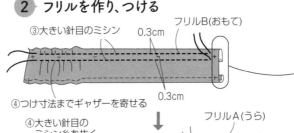

サイズ表示
50～60cm－上
70～80cm－下
1つしかない数字は共通

作り方

縫い始めと縫い終わりは返し縫いをします

縫い始める前に
フリルの上端にジグザ
グミシンをかける

1 股上線を折り伏せ縫いする
（94ページ参照）

3 股下線を折り伏せ縫いする
（95ページ参照）

4 脇線を折り伏せ縫いする
（95ページ参照）

5 ウエストと裾を縫う
（95ページ参照）

2 フリルを作り、つける

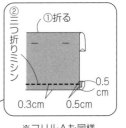

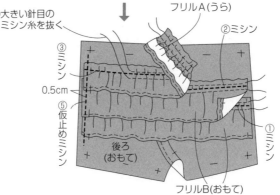

できあがり

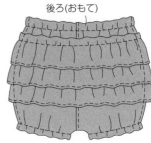

31

32

31 材料
A布(綿スムース)85cm幅40cm
B布(タオル地)92cm幅40cm
ボタン直径2cm4個
ナイロンスナップ直径1.3cm2組

32 材料
A布(ニット地)85cm幅40cm
B布(タオル地)92cm幅40cm
ボタン直径2cm4個
ナイロンスナップ直径1.3cm2組

❋できあがりサイズ
着丈30.5cm　胸まわり62cm

型紙について
★実物大の型紙:A面31を使用します。
＊使用するパーツ:前/後ろ
※型紙と製図に縫い代はついていません。
　裁ち方図の縫い代寸法をつけて布を裁ちます。

（型紙）

後ろ（表後ろ A布／裏後ろ B布）　前（表後ろ A布／裏後ろ B布）

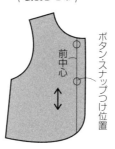

後ろ中心わ

前中心

ボタン・スナップつけ位置

（A布・B布の裁ち方図）

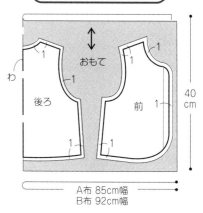

おもて

わ

後ろ

前

40cm

A布 85cm幅
B布 92cm幅

のパーツは実物大の型紙を使用します。

（作り方）
縫い始めと縫い終わりは返し縫いをします

1 肩線を縫う

表後ろ(おもて)　①並縫い
②縫い代を後ろ側に倒す
表前(うら)

※裏も同様に縫い、縫い代は前に倒す

2 A布とB布の見頃を合わせて、衿ぐり線・裾線・袖ぐり線を縫う。

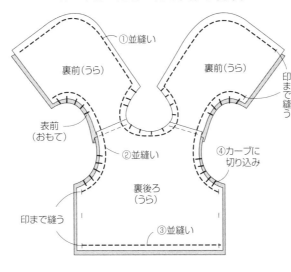

①並縫い
裏前(うら)　裏前(うら)
印まで縫う
表前(おもて)
②並縫い
④カーブに切り込み
印まで縫う
裏後ろ(うら)
③並縫い

3 表の脇線を縫う

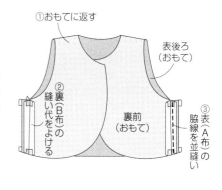

①おもてに返す
表後ろ(おもて)
②裏(B布の縫い代をよける
裏前(おもて)
③表(A布)の脇線を並縫い

4 裏の脇線をまつる

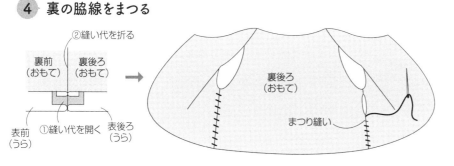

②縫い代を折る
裏前(おもて)　裏後ろ(おもて)
表前(うら)　①縫い代を開く　表後ろ(うら)
裏後ろ(おもて)
まつり縫い

5 ボタンとスナップをつける

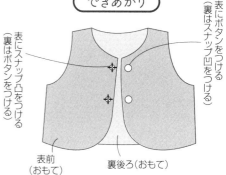

（できあがり）

表にボタンをつける(裏はスナップ凹をつける)
裏にスナップ凸をつける(表はボタンをつける)
表前(おもて)
裏後ろ(おもて)

66ページ **54・55**

54

55

材料		80cmサイズ	90cmサイズ
54 表布(シーチングプリント)	110cm幅	90cm	100cm
55 表布(シーチングシワ加工)	110cm幅	90cm	100cm
ゴムテープA	0.9cm幅	90cm	90cm
ゴムテープB	0.7cm幅	50cm	50cm
バイアステープ(両折)	1.27cm幅	90cm	90cm
ボタン	直径1.15cm	1個	1個
54 ボンテンテープ	1cm幅	90cm	90cm
55 トーションレース	1cm幅	90cm	90cm
できあがり寸法			
総丈		21cm	24.2cm

サイズ表示
80cm−上
90cm−下
1つしかない数字は共通

★実物大の型紙：B面54を使用します。
＊使用するパーツ：ブルマ／上段
＊下段の実物大の型紙はついていません。
　自分で製図をします。
※型紙と製図に縫い代はついていません。
　裁ち方図の縫い代寸法をつけて布を裁ちます。

型紙・製図

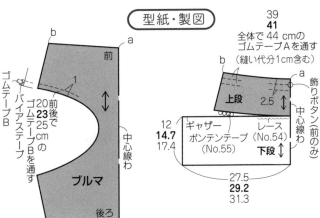

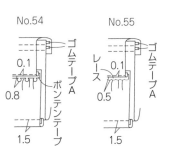

（上段・下段の前と後ろは同型です）

のパーツは実物大の型紙を使用します。

表布の裁ち方図

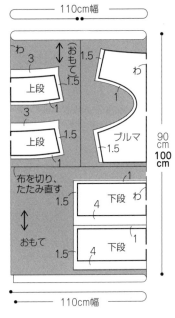

作り方

縫い始めと縫い終わりは返し縫いをします

1 ブルマの脇線を縫う

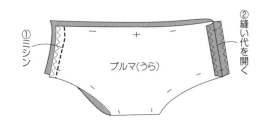

2 ブルマの股ぐりを縫う

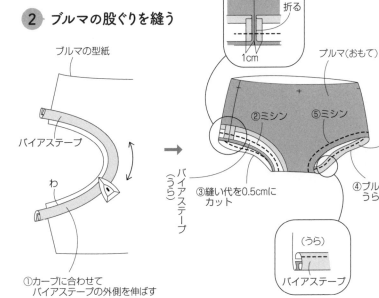

①カーブに合わせて
バイアステープの外側を伸ばす

③ 上段を作る

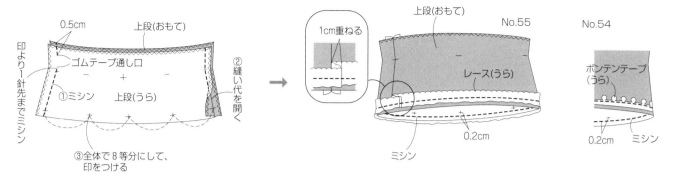

0.5cm
上段(おもて)
印より1針先までミシン
ゴムテープ通し口
①ミシン
上段(うら)
②縫い代を開く
③全体で8等分にして、印をつける

1cm重ねる
上段(おもて)
No.55
No.54
レース(うら)
ボンテンテープ(うら)
ミシン
0.2cm
0.2cm
ミシン

④ 下段を作る

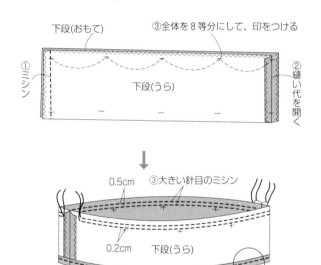

下段(おもて)
③全体を8等分にして、印をつける
①ミシン
下段(うら)
②縫い代を開く

0.5cm
③大きい針目のミシン
0.2cm
下段(うら)
②ミシン
①三つ折り

うら

⑤ 上段と下段を縫い合わせる

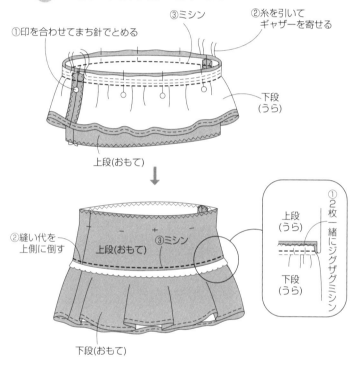

①印を合わせてまち針でとめる
③ミシン
②糸を引いてギャザーを寄せる
下段(うら)
上段(おもて)

②縫い代を上側に倒す
上段(おもて)
③ミシン
①2枚一緒にジグザグミシン
上段(うら)
下段(うら)
下段(おもて)

⑥ ウエストを縫う

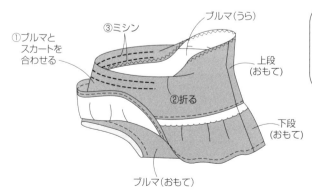

①ブルマとスカートを合わせる
③ミシン
ブルマ(うら)
上段(おもて)
②折る
下段(おもて)
ブルマ(おもて)

⑦ ゴムテープを通して、できあがり

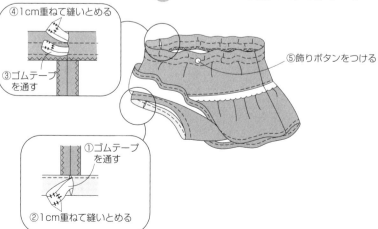

④1cm重ねて縫いとめる
③ゴムテープを通す
⑤飾りボタンをつける
①ゴムテープを通す
②1cm重ねて縫いとめる

60　61

材料(1セット分)		70cmサイズ	80cmサイズ	90cmサイズ
表布(ダブルガーゼ)	110cm幅	120cm	130cm	130cm
ゴムテープ	0.5cm幅	80cm	80cm	90cm
できあがり寸法				
上着　着丈		33.2cm	36cm	38.8cm
胴まわり		63cm	66cm	68cm
パンツ　ヒップ		68cm	70cm	74cm
総丈		24cm	26cm	28cm

型紙について

★実物大の型紙:B面60を使用します。

＊使用するパーツ：上着／ポケット／パンツ

＊上着の衿とひもの実物大の型紙はついていません。自分で製図をします。

※型紙と製図に縫い代はついていません。裁ち方図の縫い代寸法をつけて布を裁ちます。

No.60・61 型紙・製図　　のパーツは実物大の型紙を使用します。

サイズ表示
70cm=上段
80cm=中段
90cm=下段
1つしかない数字は共通

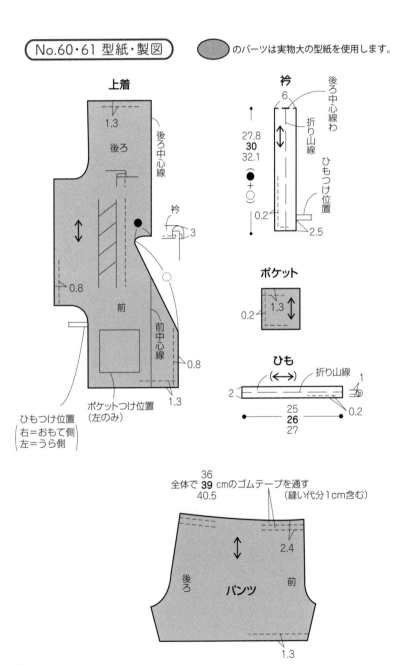

上着

衿

ポケット

ひも
25
26
27

表布の裁ち方図

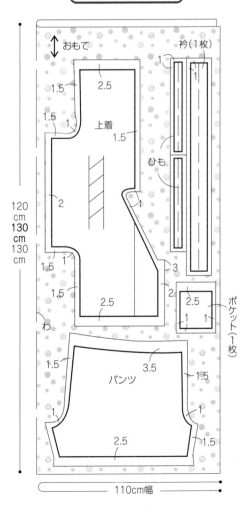

120cm
130cm
130cm

110cm幅

ひもつけ位置
右=おもて側
左=うら側

ポケットつけ位置
（左のみ）

36
全体で **39** cmのゴムテープを通す
40.5
（縫い代分1cm含む）

1 上着のポケットを作り、つける

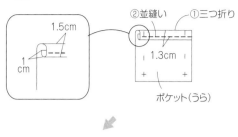

②並縫い　①三つ折り

1.5cm

1cm

1.3cm

ポケット（うら）

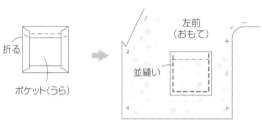

折る

ポケット（うら）

左前（おもて）

並縫い

ポケット（うら）

2 後ろ中心線を縫う

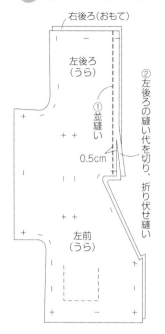

右後ろ（おもて）

左後ろ（うら）

①並縫い

0.5cm

②左後ろの縫い代を切り、折り伏せ縫い

左前（うら）

3 ひもを作る

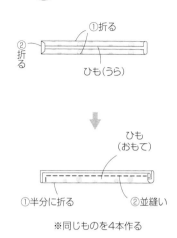

①折る

②折る

ひも（うら）

ひも（おもて）

①半分に折る　②並縫い

※同じものを4本作る

4 ひもをはさみ、脇線・袖口を縫う

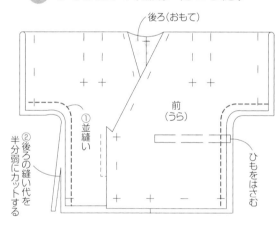

後ろ（おもて）

①並縫い

②後ろの縫い代を半分弱にカットする

前（うら）

ひもをはさむ

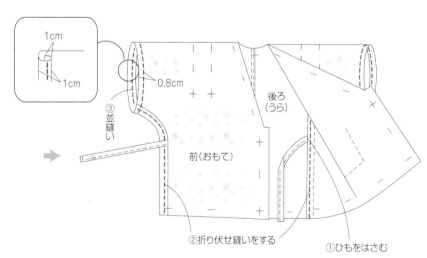

1cm

1cm

0.8cm

③並縫い

後ろ（うら）

前（おもて）

②折り伏せ縫いをする

①ひもをはさむ

5 裾と前端を縫う

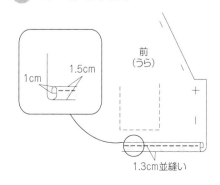

1cm　1.5cm

前（うら）

1.3cm並縫い

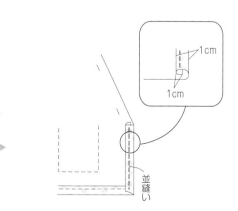

1cm

1cm

並縫い

*次のページに続きます。

6 衿をつける

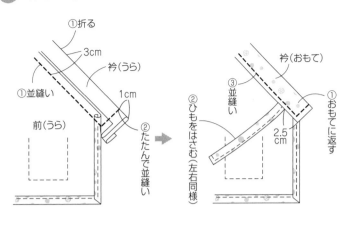

①折る
3cm
衿(うら)
①並縫い
1cm
前(うら)
②たたんで並縫い

②ひもをはさむ（左右同様）
③並縫い
衿(おもて)
①おもてに返す
2.5cm

7 肩上げ（タック）を縫う

できあがり

5.2
5.5
5.7
cm
①折る
②並縫い
2cm
③倒す
前(おもて)
後ろ(うら)
前(うら)

パンツの作り方

1 股下線を縫う

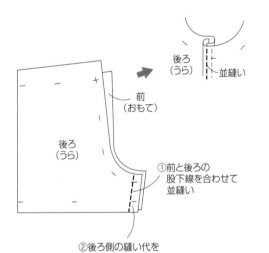

後ろ(うら)
並縫い
前(おもて)
後ろ(うら)
①前と後ろの股下線を合わせて並縫い
②後ろ側の縫い代を半分弱にカットして折り伏せ縫い

2 股上線を縫う

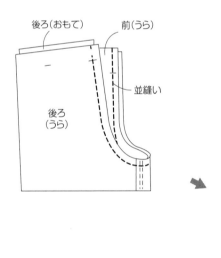

後ろ(おもて)
前(うら)
並縫い
後ろ(うら)

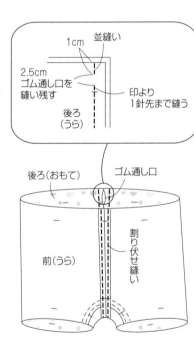

1cm
並縫い
2.5cm
ゴム通し口を縫い残す
後ろ(うら)
印より1針先まで縫う

後ろ(おもて)
ゴム通し口
前(うら)
割り伏せ縫い

3 ウエストと裾を縫う

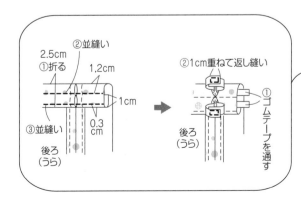

2.5cm
①折る
②並縫い
1.2cm
1cm
③並縫い
0.3cm
後ろ(うら)

②1cm重ねて返し縫い
①ゴムテープを通す
後ろ(うら)

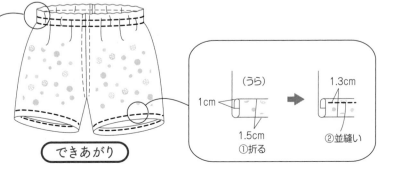

できあがり

1cm
(うら)
1.5cm
①折る
1.3cm
②並縫い

62

63

材料 (1点分)
A布(ダブルガーゼ)90cm幅25cm
B布(綿プリント)90cm幅25cm
バイアステープ(縁どりタイプ)1.1cm幅80cm
✽できあがり寸法
頭まわり 48・50・52cm
型紙について
★実物大の型紙:A面62を使用します。
＊使用するパーツ：クラウン
※型紙に縫い代はついていません。
　裁ち方図の縫い代寸法をつけて布を裁ちます。

A布・B布の裁ち方図

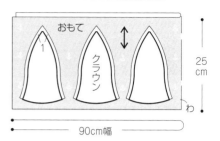

おもて

クラウン

25cm

わ

90cm幅

型紙

のパーツは実物大の型紙を使用します。

クラウン
(表クラウン・A布 各6枚)
(裏クラウン・B布)

作り方 縫い始めと縫い終わりは返し縫いをします

1 クラウンを3枚ずつ縫い合わせる

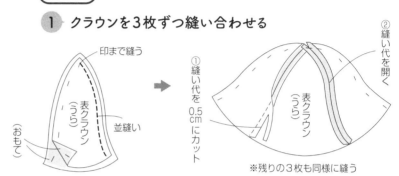

印まで縫う
表クラウン(うら)
並縫い
(おもて)

①縫い代を0.5cmにカット
②縫い代を開く
表クラウン(うら)

※残りの3枚も同様に縫う

---

2 3枚と3枚を縫い合わせる

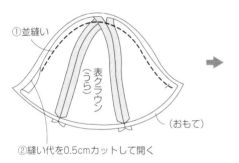

①並縫い
表クラウン(うら)
(おもて)
②縫い代を0.5cmカットして開く

表クラウン(おもて)
おもてに返す

※裏クラウンも同様に縫う

3 表クラウンと裏クラウンを重ねる

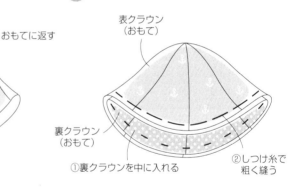

表クラウン(おもて)
裏クラウン(おもて)
①裏クラウンを中に入れる
②しつけ糸で粗く縫う

---

4 縁どりをする

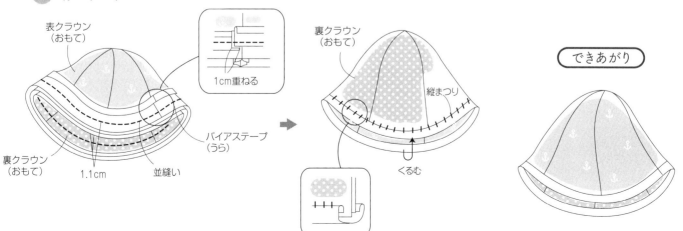

表クラウン(おもて)
1cm重ねる
裏クラウン(おもて)
1.1cm
並縫い
バイアステープ(うら)

裏クラウン(おもて)
縦まつり
くるむ

できあがり

材料

A布(綿プリント)110cm幅25cm
B布(綿ブロード)110cm幅30cm
接着芯112cm幅25cm
サイズテープ2.5cm幅49cm・**51cm**・53cm
面ファスナーソフトタイプ2cm幅4cm
帽子用ゴムテープ0.7cm幅20cm
❀できあがり寸法
頭まわり　48・**50**・52cm

型紙について
★実物大の型紙：B面64を使用します。
＊使用するパーツ：クラウン／ブリム
＊ベルト・縁どりは実物大の型紙は
　ついていません。自分で製図をします。

のパーツは実物大の型紙を使用します。
※型紙と製図に縫い代はついていません。
裁ち方図の縫い代寸法をつけて布を裁ちます。

製図・型紙

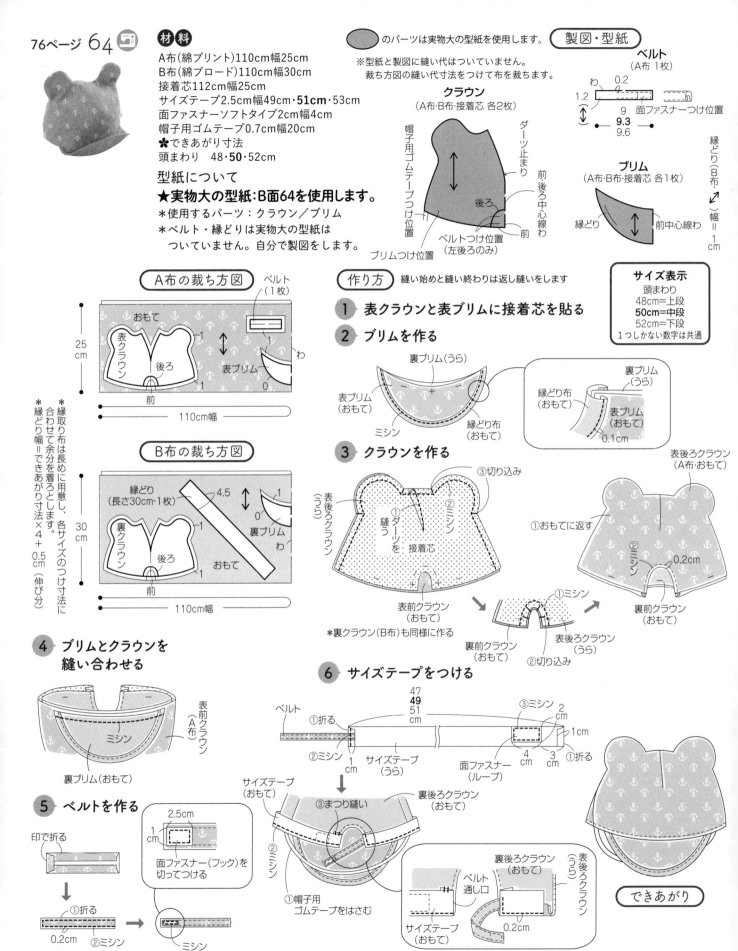

ベルト
(A布 1枚)

ブリム
(A布・B布・接着芯 各1枚)

クラウン
(A布・B布・接着芯 各2枚)

サイズ表示
頭まわり
48cm=上段
50cm=中段
52cm=下段
1つしかない数字は共通

A布の裁ち方図

B布の裁ち方図

作り方　縫い始めと縫い終わりは返し縫いをします

1 表クラウンと表ブリムに接着芯を貼る

2 ブリムを作る

3 クラウンを作る

4 ブリムとクラウンを縫い合わせる

5 ベルトを作る

6 サイズテープをつける

できあがり

材料
A布（綿プリント）85cm幅40cm
B布（綿）50cm幅50cm
バイアステープ（両折りタイプ）1.27cm幅25cm
サイズテープ2.5cm幅45cm
ゴムテープ0.5cm幅約15cm
帽子用ゴムテープ0.7cm幅20cm
❀できあがり寸法　頭まわり　48・50・52cm

型紙について
★実物大の型紙：B面65を使用します。
＊使用するパーツ：クラウン／前ブリム／日よけ布
＊縁どりa・bは実物大の型紙はついていません。
　自分で製図をします。
＊サイズテープ、バイアステープは長めに
　用意し、各サイズのつけ寸法に合わせます。
※型紙に縫い代はついていません。
　裁ち方図の縫い代寸法をつけて布を裁ちます。

型紙
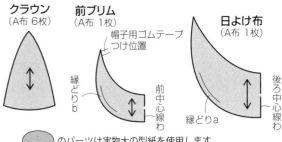

クラウン（A布 6枚）
前ブリム（A布 1枚）
帽子用ゴムテープつけ位置
縁どりb
前中心線わ
日よけ布（A布 1枚）
縁どりa
後ろ中心線わ
縁どりa・b（B布 ↗＝1cm）

のパーツは実物大の型紙を使用します。

サイズ表示
頭まわり
48cm=上段
50cm=中段
52cm=下段
1つしかない数字は共通

作り方
縫い始めと縫い終わりは返し縫いをします

**縫い始める前に
クラウンの布端にジグザ
グミシンをかける**

1 クラウンを3枚ずつ縫い合わせる
（103ページ参照・「並縫い」を「ミシン」にする）

2 3枚と3枚を縫い合わせる
（103ページ参照・「並縫い」を「ミシン」にする）

3 縁どりをする

A布の裁ち方図
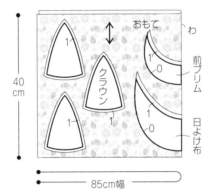
40cm
85cm幅
おもて
わ
前ブリム
日よけ布
クラウン

B布の裁ち方図
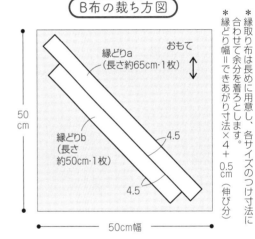
縁どりa（長さ約65cm・1枚）
おもて
縁どりb（長さ約50cm・1枚）
4.5
4.5
50cm
50cm幅

＊縁取り布は長めに用意し、各サイズのつけ寸法に合わせて余分を着ろとします。
＊縁どり幅＝できあがり寸法×4＋0.5cm（伸び分）

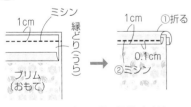
1cm ミシン
縁どり（うら）
ブリム（おもて）
1cm ①折る
0.1cm
②ミシン
※日よけ布も同様に縁どりをする

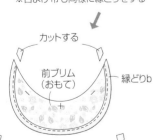
カットする
前ブリム（おもて）
縁どりb

日よけ布（おもて）
縁どりa

4 ブリムとクラウンを縫い合わせる

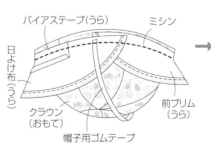
バイアステープ（うら）
ミシン
日よけ布（うら）
クラウン（おもて）
前ブリム（うら）
帽子用ゴムテープ

12
12.5cmのゴムテープ
13.5
②ミシン
日よけ布（うら）
①2枚一緒にジグザグミシン
（クラウンの幅×2）＋2（縫い代）
バイアステープ（うら）

クラウン（うら）
0.1cm
②ミシン
0.5cm
バイアステープ（おもて）
①折る
日よけ布（うら）

5 サイズテープをつける

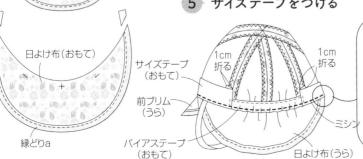
1cm折る
1cm折る
サイズテープ（おもて）
前ブリム（うら）
バイアステープ（おもて）
日よけ布（うら）
ミシン

サイズテープ（おもて）
クラウン（うら）
0.2cm
日よけ布（うら）

できあがり
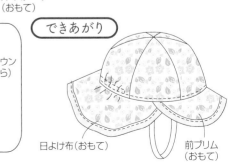
日よけ布（おもて）
前ブリム（おもて）

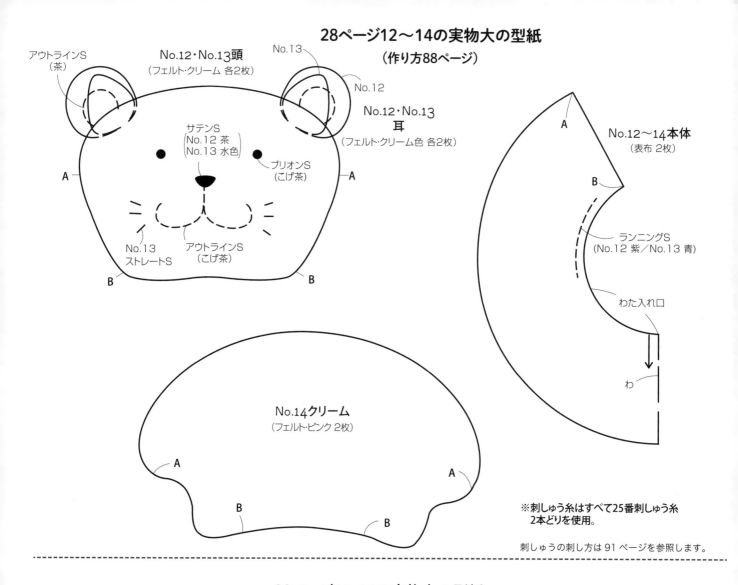

アウトラインS
（茶）

No.12・No.13頭
（フェルト・クリーム 各2枚）

No.13

No.12

No.12・No.13
耳
（フェルト・クリーム色 各2枚）

サテンS
No.12 茶
No.13 水色

ブリオンS
（こげ茶）

A

A

No.13
ストレートS

アウトラインS
（こげ茶）

B

B

No.12～14本体
（表布 2枚）

A

B

ランニングS
（No.12 紫／No.13 青）

わた入れ口

わ

No.14クリーム
（フェルト・ピンク 2枚）

A

A

B

B

※刺しゅう糸はすべて25番刺しゅう糸
2本どりを使用。

刺しゅうの刺し方は91ページを参照します。

28ページ15・16の実物大の型紙
（作り方89ページ）

※刺しゅう糸はすべて25番刺しゅう糸
2本どりを使用。

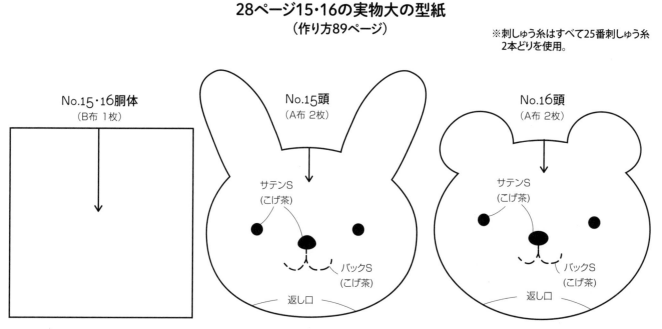

No.15・16胴体
（B布 1枚）

No.15頭
（A布 2枚）

No.16頭
（A布 2枚）

サテンS
（こげ茶）

サテンS
（こげ茶）

バックS
（こげ茶）

バックS
（こげ茶）

返し口

返し口

手縫いの基礎は8ページ、刺しゅうの刺し方は91ページを参照します。

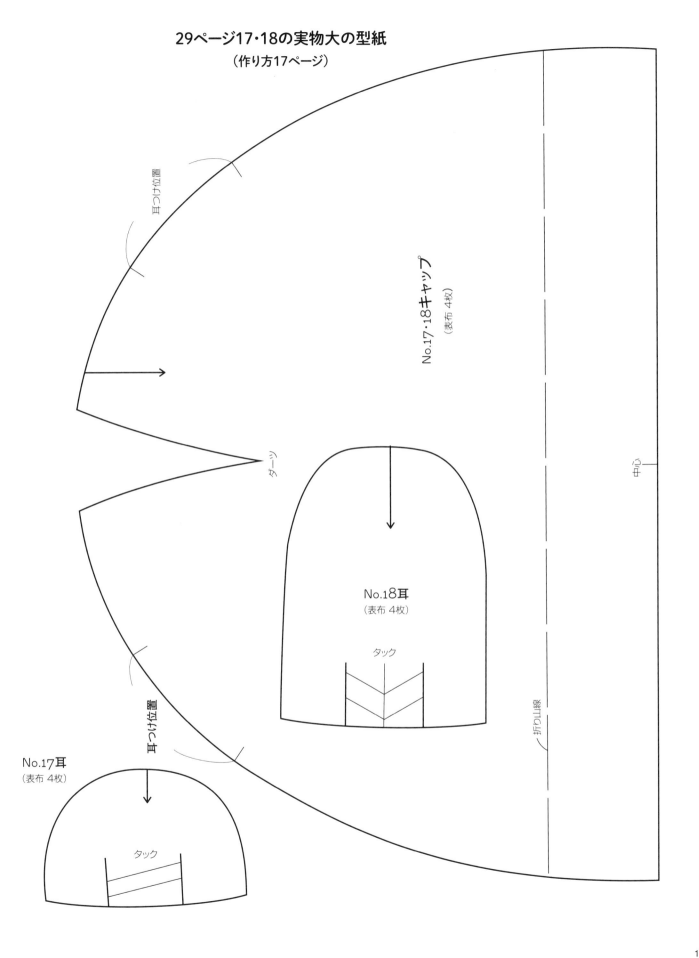

耳つけ位置

ダーツ

No.17・18キャップ
（表布 4枚）

中心

折り山線

No.18耳
（表布 4枚）

タック

耳つけ位置

No.17耳
（表布 4枚）

タック

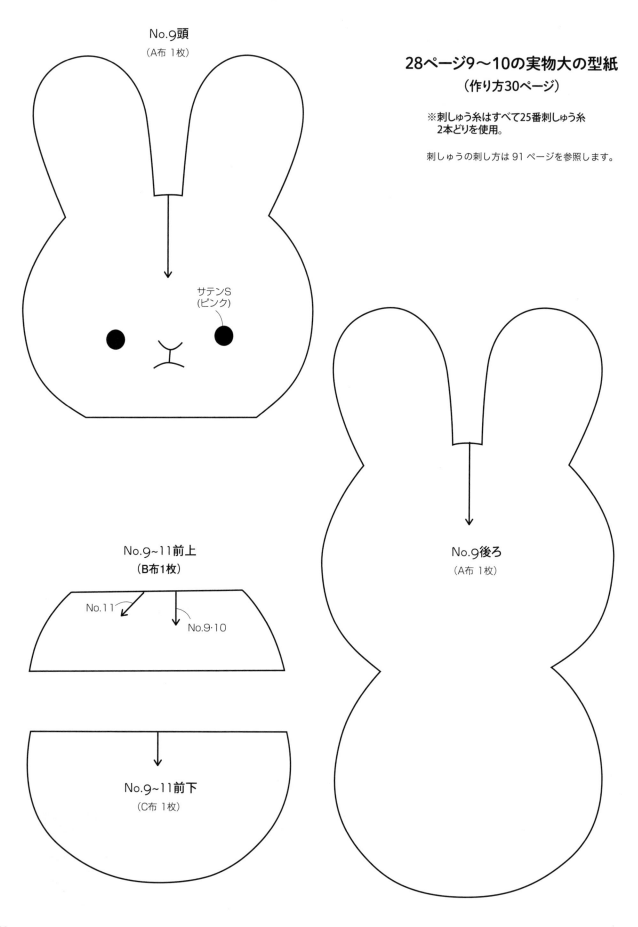

No.9頭
（A布 1枚）

28ページ9〜10の実物大の型紙
（作り方30ページ）

※刺しゅう糸はすべて25番刺しゅう糸
　2本どりを使用。

刺しゅうの刺し方は 91 ページを参照します。

サテンS
（ピンク）

No.9〜11前上
（B布 1枚）

No.11

No.9・10

No.9〜11前下
（C布 1枚）

No.9後ろ
（A布 1枚）

※刺しゅう糸はすべて25番刺しゅう糸
2本どりを使用。

刺しゅうの刺し方は91ページを参照します。

28ページ9〜10の実物大の型紙
（作り方30ページ）

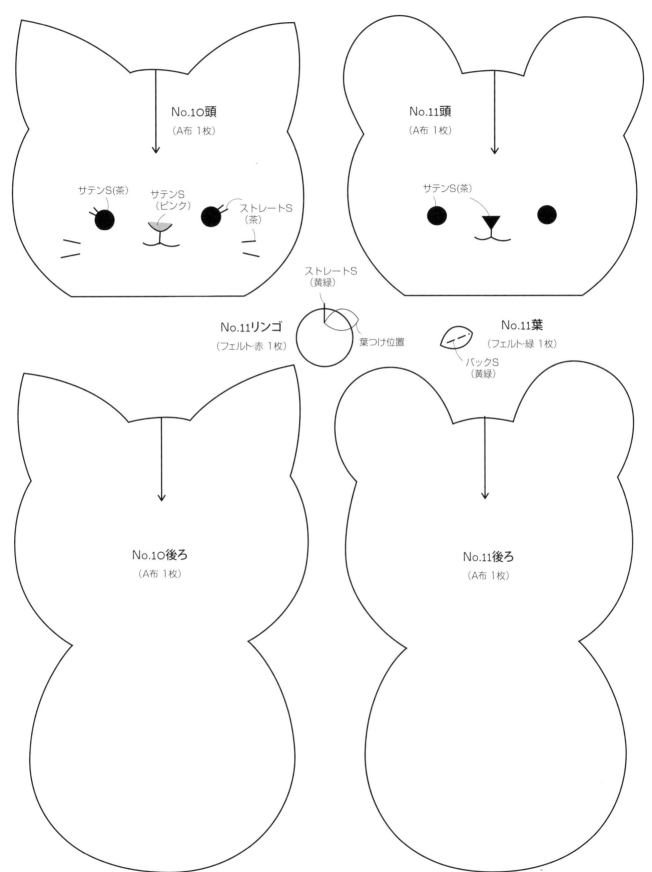

No.10頭
（A布 1枚）

サテンS(茶)　サテンS
　　　　　　（ピンク）　ストレートS
　　　　　　　　　　　　（茶）

No.11頭
（A布 1枚）

サテンS(茶)

ストレートS
（黄緑）

No.11リンゴ
（フェルト・赤 1枚）

葉つけ位置

No.11葉
（フェルト・緑 1枚）

バックS
（黄緑）

No.10後ろ
（A布 1枚）

No.11後ろ
（A布 1枚）

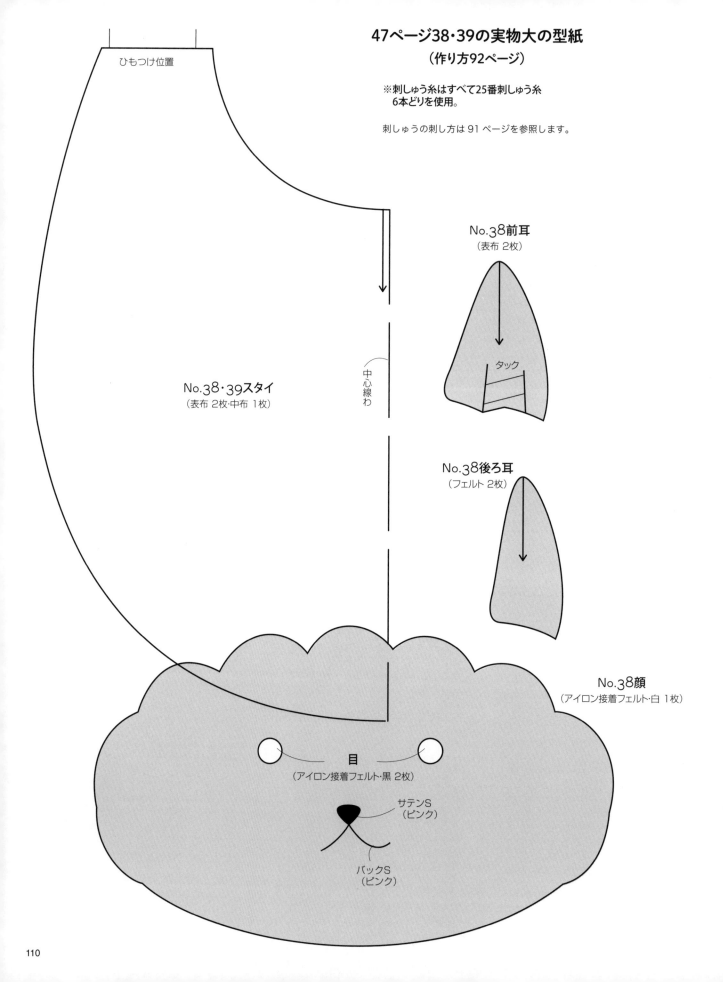

※刺しゅう糸はすべて25番刺しゅう糸
6本どりを使用。

刺しゅうの刺し方は91ページを参照します。

ひもつけ位置

No.38・39スタイ
（表布 2枚・中布 1枚）

中心線わ

No.38前耳
（表布 2枚）

タック

No.38後ろ耳
（フェルト 2枚）

No.38顔
（アイロン接着フェルト・白 1枚）

目
（アイロン接着フェルト・黒 2枚）

サテンS
（ピンク）

バックS
（ピンク）

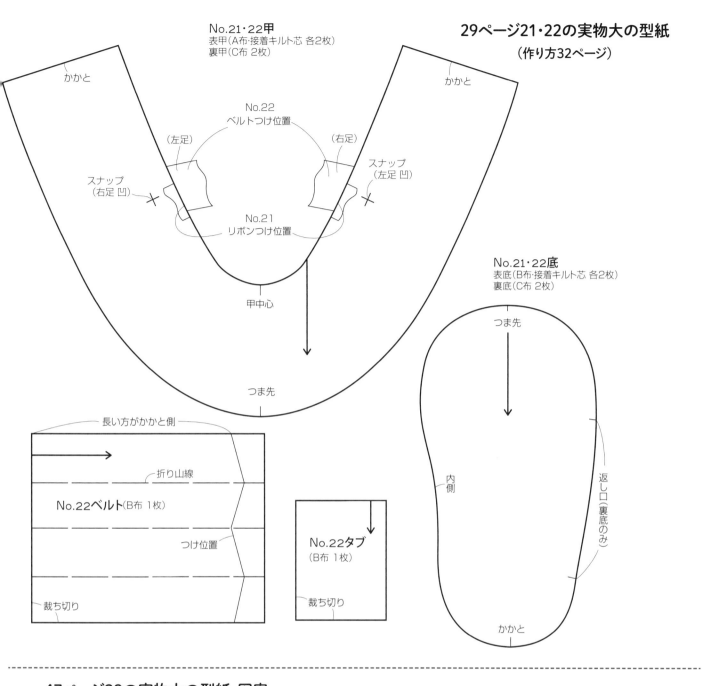

No.21·22甲
表甲(A布·接着キルト芯 各2枚)
裏甲(C布 2枚)

29ページ21·22の実物大の型紙
（作り方32ページ）

かかと

No.22
ベルトつけ位置

（左足）　（右足）

スナップ
（左足 凹）

スナップ
（右足 凹）

No.21
リボンつけ位置

甲中心

つま先

No.21·22底
表底(B布·接着キルト芯 各2枚)
裏底(C布 2枚)

つま先

長い方がかかと側

折り山線

No.22ベルト(B布 1枚)

つけ位置

裁ち切り

No.22タブ
(B布 1枚)

裁ち切り

内側

返し口（裏底のみ）

かかと

47ページ39の実物大の型紙·図案
（作り方92ページ）

※刺しゅう糸はすべて25番刺しゅう糸
　2本どりを使用。

刺しゅうの刺し方は91ページを参照します。

目
（アイロン接着フェルト·黒 2枚）

サテンS（茶）

バックS（黒）

No.39耳
（別布 4枚）

バックS（茶）

No.39顔

手作りがうれしいベビーの小物とお洋服　決定版

2023 年 4 月 30 日初版発行

編集人　和田尚子
発行人　志村　悟
印　刷　図書印刷株式会社
発行所　株式会社ブティック社
TEL. 03-3234-2001
〒 102-8620　東京都千代田区平河町 1-8-3
https://www.boutique-sha.co.jp
販売部直通　TEL. 03-3234-2081
編集部直通　TEL. 03-3234-2061

PRINTED IN JAPAN　ISBN: 978-4-8347-9071-9

材料・用具提供（P.5・6）

清原・・・TEL.06-6252-4735
　　　　　https://www.kiyohara.co.jp/store
キャプテン・・・TEL.06-6622-0241
　　　　　https://captain88.co.jp/
クロバー・・・TEL.06-6978-2277（お客様係）
　　　　　https://clover.co.jp/
フジックス・・・TEL.075-463-8112
　　　　　https://www.fjx.co.jp/

編集担当　名取美香
編集協力　山科文子
ブックデザイン　牧陽子

この本は以下の既刊の本より人気のあった作品を集めて再編集したものです。
レディブティックシリーズ
通巻 3452 号　改訂版小さなこどもたちの毎日服
通巻 3933 号　手ぬいでできる　かわいいベビー服とこもの
通巻 4386 号　はじめてママでも作れる　ベビー服とこもの
通巻 8067 号　改訂版手作りしたいベビー服＆こもの
通巻 8224 号　改訂版ハンドメイドのベビー服とこもの

Follow me!!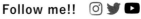

ブティック社公式アカウントをフォローして、本や手作りの最新情報をチェック！
Instagram 、Twitter、YouTube で「ブティック社」と検索してください。また、この本で作った作品を SNS に投稿して、ハンドメイドの楽しさをみんなでシェアしましょう♪

◀ ブティック社ホームページ／ブティック社ONLINE SHOP CFマルシェ／各種SNS はこちらからアクセス